RAPPORT

INDUSTRIES DE L'IMPRESSION ET DE LA TEINTURE

A L'EXPOSITION UNIVERSELLE DE 1878

(Extrait du *Bulletin de la Société Industrielle de Rouen*, année 1880.)

SUR LES INDUSTRIES

DE

L'IMPRESSION ET DE LA TEINTURE

A L'EXPOSITION UNIVERSELLE DE 1878

PAR

Joseph DÉPIERRE

CHIMISTE

Ancien élève de l'École supérieure des Sciences appliquées de Mulhouse, de la Société industrielle
de Mulhouse, de la Société chimique de Paris,
de l'Association française pour l'avancement des sciences, etc., etc.

(Ce travail a été fait sur la demande du Comité de chimie de la Société industrielle de Rouen
et a été publié dans ses Bulletins, année 1880.)

ROUEN

IMPRIMERIE LÉON DESHAYS

Rue des Carmes, 55

—

1880

RAPPORT

SUR LES

INDUSTRIES DE L'IMPRESSION ET DE LA TEINTURE

A L'EXPOSITION UNIVERSELLE DE 1878.

MESSIEURS ET CHERS COLLÈGUES,

Déférant au vœu exprimé par le Comité de chimie dans sa séance du 12 juillet 1878, vœu approuvé et sanctionné par la Société industrielle dans sa réunion du 2 août 1878, j'ai l'honneur de vous adresser mon Rapport sur l'Exposition universelle de 1878.

Je n'ai pu dans le travail que vous avez bien voulu me confier, étudier tous les perfectionnements apportés dans l'industrie de la toile peinte et de la teinture ; j'essaierai seulement de vous signaler, dans la mesure des renseignements que j'ai pu avoir et pour lesquels j'adresse ici mes sincères remercîments aux industriels, hélas trop rares en France, qui ont bien voulu m'en donner, j'essaierai dis-je, de vous rappeler les divers procédés nouveaux, les produits intéressants et les nombreux appareils qui se sont trouvés au Champ-de-Mars.

La plupart des nations industrielles ayant été représentées à ce grand tournoi de la paix, il nous paraît indispensable de connaître la part incombant à chacune d'elles ; vous me permettrez donc, Messieurs, de commencer par quelques données statistiques concernant l'importance des industries spéciales qui nous occupent.

Je commencerai par la France et j'examinerai successivement les diverses nationalités suivant la classification adoptée par la Commission générale.

FRANCE.

En 1867, alors que notre pays comptait encore des provinces qui s'appelaient l'Alsace et la Lorraine, l'impression sur étoffes réunissait 25 exposants dans la classe XXVII, classe représentant les tissus sous toutes leurs formes, et 121 exposants dans la classe XLV spécifiant la teinture, le blanchiment, l'impression, les apprêts, etc.

Nous trouvons dans l'Exposition actuelle 16 exposants dans la classe XXX, spécifiée *Fils et tissus de coton* et comprenant en exposants de tous genres 224 participants.

La classe XLVIII désignée sous la rubrique de : *Procédés chimiques de blanchiment, de teinture, d'impression, d'apprêts,* nous indique 48 exposants, imprimeurs, teinturiers ou blanchisseurs : c'est dans cette classe que figure la Société industrielle avec 17 exposants dont 12 imprimeurs.

La quantité réelle de participants est de 106, dont un certain nombre pour le dessin, la gravure, les apprêts spéciaux, etc.

Depuis quelques années le nombre des imprimeurs a été diminuant et l'impression sur coton, qui a vu se faire tant de fortunes colossales, est limitée aujourd'hui à deux centres principaux :

Rouen et ses environs.

Paris et ses environs.

Voici la nomenclature des localités diverses dans lesquelles s'exerce l'impression qui ne se fait plus guère qu'au rouleau (comme quantités).

Rouen : comprenant Déville, Bapeaume, Maromme, le Houlme, Lescure, Darnétal, Saint-Aubin, Bolbec.

Paris : comprenant Saint-Denis, Puteaux, Claye, La Glacière.

Puis Thaon, Héricourt, Amiens, Villefranche, Toulouse, Bourgoing.

D'après les données de la Chambre de commerce de Marseille, il existait dans cette ville, en 1789, *vingt* fabriques d'*indiennes peintes* (sic), aujourd'hui cette industrie a complètement disparu.

Nous joignons en même temps le nombre d'usines existant

actuellement dans chaque localité, ainsi que la quantité de machines à imprimer en fonction et le nombre de couleurs de chacunes d'elles; malgré de nombreuses et longues recherches, il ne m'a pas été possible d'arriver à l'absolue vérité; j'indique cependant ici les résultats que j'ai obtenus et j'espère que d'autres chercheurs plus heureux que moi arriveront à les compléter avec toute l'exactitude désirable.

Tableau des localités où se pratique l'impression au rouleau en France avec le nombre de fabriques et le nombre de machines de chaque usine.

LOCALITÉS (DÉCEMBRE 1879)	NOMBRE DE FABRIQUES.	NOMBRE DE MACHINES.
Rouen : Déville (Seine-Inférieure)	8	18
— Maromme	2	7
— Darnétal	1	2
— Saint-Aubin	2	6
Le Houlme	1	5
— Lescure	1	6
— Bolbec	1	4
Paris : Puteaux	2	8
— La Glacière	1	4
— Saint-Denis	1	3
— Claye	1	4
Héricourt	1	1
Villefranche	1	2
Amiens	1	2
Bourgoing	1	1
Toulouse	2	2
Thaon	1	2
Valenciennes	1	1
Vizille	1	2
19 localités comprenant.	30 usines	avec 70 machines

Comme importance sous le rapport du nombre de machines nous pouvons les classer de la façon suivante :

1 usine avec 6 machines.
3 usines avec 5   —   soit 15 machines.
8   —   4   —   32   —
5   —   3   —   15   —
4   —   2   —   8   —
6   —   1   —   6   —
2   —   ?   —   ?   —

Si nous voulons nous rendre compte du nombre de mains d'impression et du nombre de machines affectées, nous trouvons qu'en France en 1879, il y a :

14 machines à . . . . 1 couleur
 3   —   2   —
13   —   3   —
27   —   4   —
 2   —   5   —
 5   —   8   —
 1   —   12   —
 5   —   . . . . non qualifiées.
____
70 machines.

La production totale dans diverses usines peut être évaluée à *environ* 600,000 pièces de 100 mètres ; mais des données *précises* à cet égard nous font défaut.

Comme l'Alsace est le pays *imprimeur* par excellence et qu'il n'a pu exposer, nous allons ajouter à la suite des quelques documents que nous venons de vous indiquer, les derniers chiffres qui indiquent la situation de cette industrie en Alsace ainsi que le nombre de machines existant en Allemagne.

D'après M. Grad, dans son exposé fait à la Commission du tarif douanier au Reichstag (juin 1879), l'Allemagne tout entière comptait 220 machines à imprimer, soit plus de trois fois autant que la France.

L'Alsace comptait en 1875 : 120 machines à imprimer occupant 11,200 ouvriers; l'impression a produit 68 millions de mètres en articles imprimés [1] le blanc et la teinture 148 millions de mètres valant ensemble 120 millions de marks ou 150 millions de francs. Ajoutons qu'en 1877 les imprimeurs du rayon de Mulhouse ont exporté, *hors d'Allemagne*, sur une production totale de 55 millions de mètres, *trente-cinq millions et demi* de mètres, soit 70 % de leur production, tandis qu'en France, non-seulement nous n'exportons pour ainsi dire plus, mais encore nous laissons importer de la toile peinte par l'Alsace et l'Angleterre.

Enfin, d'après le compte-rendu de la Chambre de commerce de Mulhouse (septembre 1879), il ressort qu'il existe en Alsace en ce moment 109 machines à imprimer qui ont fabriqué 51,279,500 mètres d'étoffes communes et 3,773,800 mètres d'étoffes fines.

La teinture occupe en France un certain nombre d'usines dont le chiffre d'affaires est assez considérable; les localités où s'exerce principalement la teinture sur coton sont Rouen, Roubaix, Lille, Paris et ses environs

La teinture se pratique encore assez largement dans d'autres localités telles que Châteauroux, Romorantin, Vienne (Isère), Castres, Bedarieux, Carcassonne.

La teinture sur laine se fait surtout à Elbeuf, Orival; Reims, Sedan, fournissent aussi depuis quelques années un contingent assez important dans le chiffre d'affaires en laine teinte.

Quant à la teinture sur soie, elle se pratique à Paris, Saint-Étienne, Lyon, etc.

On compte dans les environs de Paris, environ 250 teintures en tous genres de tissus; signalons pour mémoire, les teinturiers dégraisseurs au nombre de 450; les teinturiers de peaux 25; les teinturiers de bois 10, puis les teinturiers en plumes, en chapeaux de feutre, en cheveux coupés, en os, en ivoire, en caoutchouc, en fleurs, etc., etc.

La région de Rouen comptait, en 1874, 67 teintures dont la majeure partie opérait sur le coton.

[1] Voir l'Express du 15 juin 1879

Quant à la production elbeuvienne, une des plus considérables si ce n'est la plus importante de France, voici d'après M. Bloch, [1] la progression qu'a suivie cette industrie :

En 1814, Elbeuf comptait 80 fabriques et 13 teintures teignant 30 mille pièces de drap ; ces diverses usines occupaient 18,000 ouvriers, le chiffre total d'affaires se montait à 25 millions de francs ;

En 1836, on compte 200 fabriques, 25 teintures et un chiffre d'affaires de 50 millions produit par 25,000 ouvriers qui ont fabriqué 70,000 pièces de drap.

En 1858, 282 fabricants produisent avec 30,000 ouvriers, pou 85 millions et en 1868, année qui peut être considérée comme l'apogée de la prospérité industrielle elbeuvienne, 60 mille ouvriers travaillant dans 650 établissements d'importance inégale, donnent lieu à un chiffre d'affaires de 125 millions : depuis la guerre, un ralentissement considérable a eu lieu et le total du mouvement d'affaires ne s'élève plus aujourd'hui qu'à environ 100 millions.

Nous devons aussi quelques lignes à l'industrie rémoise dont l'importance va croissant de jour en jour. Ainsi, en 1872, on comptait à Reims 12 teintures mues par 338 chevaux et 16 établissements de foulerie et d'apprêts ; en 1879, nous trouvons 39 établissements de lavage, peignage, foulerie, teinture et apprêts. De grands progrès ont été réalisés depuis un court laps de temps, dans le traitement des laines et des tissus ; les usines de teinture et d'apprêt se sont les unes multipliées, les autres agrandies. Toutes se sont perfectionnées et aujourd'hui la plus grande partie des tissus fabriqués à Reims et dans les usines de la Suippe subit les traitements qui suivent les opérations du tissage.

Il s'emploie des quantités relativement considérables de laine et de coton pour la bonneterie dans le nord et le sud du département de la Marne.

Ajoutons encore que les ouvriers qui travaillent le coton sont presqu'exclusivement occupés par Troyes et le département de l'Aube.

Certaines usines de l'Oise, spécialement affectées à la teinture des fils pour la bonneterie occupent jusqu'à 3,000 ouvriers.

Une partie notable de la bonneterie fabriquée à Châlons et à Sainte-Menehould s'importe à Reims.

Les centres industriels de Sedan et de Louviers, qui ne viennent qu'au deuxième rang, ont encore un mouvement d'affaires qui peut s'évaluer à environ 10 millions pour Sedan et 25 millions pour Louviers.

Il ne peut entrer dans le cadre d'une étude aussi limitée que la nôtre de passer successivement en revue tous les étalages et toutes les vitrines des exposants qui nous intéressent ; nous vous signalerons donc à grands traits ce qui a principalement attiré l'attention des connaisseurs.

Nous avons divisé cette étude en plusieurs parties dans lesquelles chaque matière fait l'objet d'un chapitre spécial :

1° Blanchiment ;

2° Apprêts ;

3° Impressions en tous genres ;

4° Teinture ;

5° Appareils nouveaux.

Nous n'observerons cette classification que pour la France qui a réuni à elle seule près des trois quarts des exposants dans les industries de l'impression, de la teinture. L'exposition des autres nations étant d'une importance *relativement* secondaire, nous ne nous occuperons de leurs produits qu'au fur et à mesure qu'ils se présenteront à notre examen.

Blanchiment.

Nous réunissons ici les divers documents concernant cette industrie, malgré qu'il se soit trouvé des blancs dans plusieurs classes (classes 30, 31, 32, 34, 48).

L'emploi de l'alizarine artificielle et du noir d'aniline a assez sensiblement modifié les procédés généralement usités dans le blanchiment du coton; en effet, il est superflu de décreuser autant le tissu que précédemment où un blanchiment à fond était indispensable pour obtenir de beaux blancs dans les articles qui subissaient les opérations de la teinture. Pourvu que la matière grasse soit à peu près éliminée, le blanc est suffisant pour les opérations d'impression qui ne demandent que le fixage et les savonnages ultérieurs.

C'est en se basant sur cette donnée que l'on a cherché, à blanchir les cannettes de coton et ce procédé qui ne laisse pas que de présenter certaines difficultés pratiques paraît cependant devoir être utilisé sur une large échelle.

Pour ce qui concerne le blanchiment des tissus servant à l'usage domestique on est parvenu à donner un très beau blanc aux étoffes bien qu'elles contiennent des filets colorés. Ainsi on trouve aujourd'hui dans la consommation des nappes, des serviettes, des draps, etc., avec des liteaux bleus, noirs, rouges, parfaitement conservés.

Parmi les procédés nouveaux qui figuraient à l'Exposition, signalons celui de M. de Dienheim-Brochoki. — Au moyen d'un nouveau produit appelé *chlorozone*, on peut, dit l'inventeur, blanchir plus rapidement et plus économiquement. Ce corps s'obtient en saturant une solution alcaline plus ou moins concentrée par un courant d'acide hypochloreux uni à un courant d'air.

Ce procédé demande la sanction de la pratique aussi bien que celui de M. Coisin-Bordat de Saint-Denis, dont voici des spécimens. Cet industriel prétend blanchir toute espèce de tissus en vingt-quatre heures. Ce procédé nous paraît pouvoir être applicable pour les blancs seuls; pour l'impression, il ne peut être utilisé, les couleurs rendant moins bien que sur tissu écru, ainsi que vous pouvez vous en convaincre par les spécimens ci-joints.

Hodges, chimiste anglais, a récemment préconisé l'hypochlorite de magnésie pour le blanchiment. On peut obtenir ce corps en grandes quantités au moyen de la kiéserite ou sulfate de magnésie naturel que l'on trouve abondamment à Strassfurt. En traitant l'hypochlorite de chaux par ce sel, on obtient de l'hypochlorite de magnésie et un sulfate de chaux d'une ténuité extraordinaire. Ce dernier sel a déjà reçu, dans cette nouvelle méthode, un emploi, il sert à faire le vert Cosoli. Quelques usines de France ont essayé ce procédé avec succès : il est, du reste, depuis peu employé en grand en Irlande pour le blanchiment des lins sur lesquels l'hypochlorite de magnésie agit plus efficacement tout en ménageant plus la fibre.

Divers autres procédés nouveaux ont été préconisés : pour le coton, le blanchiment au silicate de soude, au chlorure de chaux et acide oxalique, etc. ; à l'acide oxalique et au bisulfite de soude pour la laine.

M. Plantrou avait exposé des blancs de tissus mélangés.

Son procédé a pour but de blanchir la laine et en même temps d'épailler le tissu sans altérer le coton. Les éléments du mélange sont l'acide CHl et le S.

Pour rendre plus efficace l'action du gaz SO² et du gaz CHl, il emploie de préférence le mélange suivant :

Soufre	1 k.
Sel marin	0.200
Ammoniaque	0.100
Acide oxalique	0.200
CHl	1 k.

Un chimiste hongrois M. Kallab, se sert de l'acide hydrosulfureux de Schutzenberger auquel il ajoute, de suite, le bain bleu d'indigo, de façon à produire un bleu résistant aux diverses influences telles que le foulage, l'air, la lumière, etc.

Cette méthode s'applique en variant le temps d'immersion aux tissus de soie, de laine, de chanvre, de bois, de paille, etc. Cependant, d'après des essais faits par plusieurs fabricants et aussi par la Société industrielle de Mulhouse, le blanc laisse un peu à désirer et l'emploi du violet et du rouge d'aniline sont indispensables pour obtenir un résultat parfait.

MM. Schadrack et Lepage, de Paris, avaient aussi exposé des spécimens obtenus par un procédé nouveau, mais les renseignements font défaut aussi bien que sur le procédé permettant de décolorer toute espèce de cheveux. On sait que c'est un des grands *desirata* de l'art de la coiffure qui, jusqu'à présent, n'a pas été réalisé.

Le blanchiment de la soie a aussi eu sa part d'inventeurs; en 1875, Tessié du Motay, qui emploie le bioxyde de baryum Ce procédé est déjà assez vulgarisé, car les teinturiers des environs de Paris l'emploient fréquemment et il est surtout applicable au blanchiment des soies Tussore et des soies schappées. Un autre procédé, appliqué et indiqué par la maison Lebouteux de Paris, paraît se rattacher à celui de M. Girard qui se sert d'ammoniaque très diluée, puis d'hypochlorite d'ammoniaque et d'eau oxygénée.

M. Duport (brevet, n° 118,073), a blanchi les soies Tussah par le bioxyde de baryum et le permanganate de potasse employés alternativement.

Dans la section indienne, il y avait des soies Tussore blanchies, teintes et imprimées, et à tous égards remarquables de blancheur, de pureté de coloris et de brillant.

C'est dans l'article relatif aux machines que nous examinerons plus spécialement les perfectionnements apportés aux appareils de blanchiment.

Apprêts.

Au point de vue de la toile peinte, les apprêts tout en ayant une importance capitale, n'ont pas sensiblement progressé sauf quelques rares fabricants, on emploie toujours les apprêts dits : *mat cylindré, cretonne, batiste*, les seuls usités dans la Normandie, aujourd'hui le centre de la grande production française.

Quant aux blancs, Tarare, Saint-Quentin, le Thillot, Thaon qui exploite les procédés de Wesserling, et quelques rares maisons de Normandie, ont su conserver leur incontestable supériorité.

Les Anglais, puis après eux les Alsaciens ont introduit depuis quelques années l'apprêt mailloche ou beetlé, mais ce genre n'est encore que peu pratiqué en France.

Quelques teinturiers de Rouen qui font aussi les apprêts, font également les genres gaufrés pour la reliure. Signalons les apprêts faits avec le haï-thao, substance tirée des algues et qui a été l'objet de plusieurs travaux publiés dans nos bulletins.

Parmi les apprêts nouveautés en tissus colorés, mentionnons outre les apprêts *foulard*, *satin*, ceux dit *barre de fer* et *triplure*. De très beaux spécimens étaient mis sous les yeux des visiteurs par des manufacturiers d'Arcueil et de Saint-Quentin.

Enfin, signalons encore les apprêts dits *caoutchoucs* et les surcharges de tissus contenant jusqu'à 1 10 % du poids du textile.

Impression.

L'exposition de la section française d'impression de 1878 (composée presque exclusivement des manufacturiers de Rouen), a été, qu'il nous soit permis de le dire, relativement inférieure à celle de 1867 ; mais, si nous faisons abstraction de l'Alsace dont les splendides produits figuraient à cette époque à côté de ceux de Rouen, nous sommes obligés de reconnaître des progrès considérables et incontestés.

Que produisait alors Rouen, principalement la garancine et quelques genres analogues : que trouvons-nous aujourd'hui, la plupart des articles que fait l'Alsace et parmi eux plusieurs genres qui se font d'une façon sinon aussi artistique, du moins certainement plus économique.

Nous remarquons des meubles riches à la main, des tissus pour ameublement au rouleau allant jusqu'à huit couleurs et, ajoutons-le, faits sur des machines n'ayant que huit mains. On sait combien est difficile l'emploi de la machine à un grand nombre de couleurs. Dans beaucoup d'usines, on se sert de rouleaux laveurs dits rouleaux d'eau, ayant pour effet d'empêcher le dégorgeage d'une couleur dans celle qui la suit à l'impression. Des moyens spéciaux nous paraissent devoir être employés pour remédier à ce grave inconvénient.

Parmi les procédés nouveaux, *le bleu à l'hydrosulfite* a eu une large part, car il a été exploité sur une très grande échelle et c'est en Normandie qu'il a tout d'abord été fixé à la vapeur concurremment avec l'*alizarine*.

Cette dernière matière colorante qui a complétement détrôné la garance, même pour les rouges Andrinople, ainsi que l'attestaient de nombreux et magnifiques spécimens de plusieurs de nos collègues, est aujourd'hui la base par excellence de tous les rouges d'impression à quelque genre qu'ils se rattachent et a donné lieu à la production de diverses autres matières colorantes dont l'industrie a déjà largement profité : la nitro-alizarine, le bleu d'anthracène, le gris d'anthracène, le brun d'anthracène et le violet également dit d'anthracène; aussi l'Exposition fourmillait-elle de rouges, roses, violets, gris, grenat, mode, etc., à l'alizarine, obtenus soit en lavant simplement ou en avivant ou en savonnant, et surtout appliqués sur tissus préalablement préparés en acide sulfoléique.

Signalons quelques genres à base d'*indigo rongés par impression de couleur*. C'est à M. Camille Kœchlin que nous sommes redevables de ce procédé. Diverses modifications et perfectionnements y ont été apportés et vous en avez vu figurer la description dans vos annales.

De beaux échantillons imprimés au rouleau sur velours de coton en meubles riches, figuraient dans certaines vitrines. Nous trouvons également de remarquables spécimens sur coton de velours imprimés à la main. On sait que ce dernier genre est beaucoup plus difficile à obtenir que celui en impression mécanique, qui se produit assez facilement, eu égard à l'action des rouleaux qui couchent le velouté du tissu, et par conséquent, imprègnent également de couleur, tandis qu'à la main, le tissu s'imbibe et il se produit des effets de moirage très désagréables.

La *ceruléine*, la *galléine* et bien d'autres colorants récemment découverts, avaient prêté leur concours à diverses applications nouvelles, soit dans le genre meuble, soit dans divers genres spéciaux.

Parmi ces derniers, un des plus intéressants est certainement le *noir d'aniline inverdissable*. Quelque partagés que soient les avis au sujet de cette nouvelle couleur, c'est-à-dire du *noir obtenu directement sur tissus et à l'état inverdissable sans traitement ultérieur après l'impression*, il est avéré qu'il s'en est fait et de nombreux échantillons pris sur pièces figuraient dans les vitrines du Champ-de-Mars.

Outre l'ancien genre garancine, supérieurement traité par quelques maisons et aujourd'hui à peu près abandonné, l'article cravate et mouchoirs, qui tend également à disparaître, était largement représenté par des spécimens en 3, 4, 5 et 6 couleurs en toutes nuances et en tous teints. Nous trouvons aussi dans ce genre des noirs d'aniline et chamois, noir et rouge, etc.

L'article *robe* et l'article *chemise* en plusieurs couleurs avec les nombreuses modifications que comportent les exigences de la mode, soit impression avec uni, avec bandes, en doubles tons, etc., aussi bien dans le genre *fond blanc* que dans les genres *foncés* sont aussi bien représentés.

Citons, enfin, encore les *longottes* pour chemises, l'article *deuil* qui a toujours été particulièrement réussi à Rouen, les genres *cachous* et *noirs*, les *pilous*, les *lastings*, les *croisés* pour pantalons, les *velours* dit *moleskines*, les *futaines*, les *mignonnettes*, les *flanelles* de coton, les *bleus indigo* rongés *blancs*, les *genres lapis* qui ne se font plus que dans une seule maison, les *articles* pour *parapluies*, les genres *plastiques* au rouleau, d'après les procédés de M. Guichard, les *jupons*, les *caracos*, divers articles pour la chapellerie, la reliure, le matériel de voyage, la *doublure*, les *coutils* unis ; quelques échantillons des mieux réussis étaient exposés dans la classe 18 et se faisaient remarquer par leur égalité et leur transparence.

Comme procédés nouveaux, mentionnons les impressions sténochromiques de Radde (et aussi son dictionnaire de couleurs, qui, quoique ne comportant que 900 tons divers peut cependant être d'une très grande utilité pour le coloriste), et les impressions, sans gravure, au moyen d'un procédé analogue à celui employé en Allemagne pour colorier les cartes géographiques. Voici en quoi il consiste : on fait des pains de couleurs qui sont découpés de façon à reproduire les formes du dessin, puis on place ces blocs de telle sorte qu'ils simulent une mosaïque ; au moyen d'un encrage spécial, les couleurs sont déposées sur le tissu.

Un autre procédé qui, dit-on, va être largement exploité en Angleterre et en Alsace, permet d'imprimer à la fois jusqu'à 56 couleurs différentes et on peut produire jusqu'à 110 mètres de

tissu par jour. De plus amples renseignements nous manquent à
ce sujet. Ajoutons cependant que d'après ce que nous avons vu,
il nous paraît douteux de pouvoir obtenir par ce procédé des dessins délicats et surtout des motifs à rapports très courts. La question de solidité des couleurs aussi est discutable.

Teinture.

Les procédés employés dans la teinture, soit en écheveaux soit
en pièces, sur les divers textiles mais surtout sur coton, ont été
considérablement modifiés depuis l'introduction dans le commerce
des dérivés de la houille et plus encore depuis la production en
grand de l'alizarine et de l'aniline.

La possibilité de tisser des fils blancs et teints en même temps,
a donné lieu à un tel mouvement dans la teinture sur coton en
écheveaux qu'à un moment donné l'industrie de l'impression s'en
est trouvée gravement atteinte. La grande faveur dont jouissaient
il y a cinq ou six ans les rayures en tous genres, permit à la
teinture de produire à de très bas prix des quantités considérables
en même temps qu'elle utilisait les avantages des procédés nouveaux tels que le noir d'aniline, les rouges d'alizarine avec les
mordants gras, l'emploi des mordants de chrôme, la fabrication
rapide des bleus d'indigo, etc.: par des combinaisons particulières
on obtint des nuances très solides et qui n'avaient pu se faire
jusqu'à présent, d'autant plus que par l'application du vaporisage
on pouvait réaliser de grandes économies de temps et de main-
d'œuvre.

Outre les perfectionnements dus à la chimie, de nombreuses
modifications ont été apportées dans le matériel et nous verrons
au chapitre qui lui est consacré, nombre d'engins de récente date
qui ont permis de fabriquer avec plus de sûreté, plus de rapidité
et plus d'économie que par les anciens procédés.

Un genre tout nouveau dérivé de la teinture et qui n'est en
somme que de la teinture artistique, si ces deux mots peuvent
s'allier, a été exposé par la Société des *Tapisseries de Montrouge*,
dont voici quelques spécimens. Ces imitations de tapisseries qui
s'éxéccutent sur tous tissus ont la solidité des tapisseries des

Gobelins ou autres, sans coûter autant. Ce sont des peintures sur tissus faites avec des couleurs telles qu'après l'opération de fixage, lavage, etc., le sujet est reproduit absolument conforme à l'original. De nombreux spécimens de ce genre décorent les salons de l'hôtel Continental, à Paris.

Matériel de l'Impression et de la Teinture.

L'espace restreint accordé aux exposants, la grande superficie nécessaire à l'installation des appareils et disons-le aussi, le peu d'empressement de la part des constructeurs, surtout étrangers, à exhiber les machines nouvelles, ont limité considérablement la quantité d'exposants. Malgré tout, nous avons trouvé nombre d'appareils nouveaux et intéressants dans les classes 53, 56, 57 et 60.

Dans cet examen nous suivrons l'ordre alphabétique des exposants, en vous signalant en tant qu'elles nous sont connues, les machines analogues nouvelles, mais non exposées.

Nous trouvons d'abord, dans la classe 53, M. Frémont avec un appareil vide-tourie des plus simples. M. Serrin expose également un appareil de ce genre dont la pratique a déjà sanctionné l'usage. Il se compose de deux montants d'une forme particulière, reliés entre eux par une entretoise et par une planchette sur laquelle repose la bonbonne. Ces montants affectent la forme d'une demi-circonférence à laquelle on aurait coupé la section correspondante à celle obtenue en élevant une parallèle au rayon perpendiculaire au diamètre et sur le quart de ce diamètre : il reste donc environ le tiers de la circonférence ; c'est à la section ainsi faite que se place une planchette destinée à supporter la dame-jeanne ; en inclinant la tourie, la bouteille suit le mouvement circulaire et, par suite se vide. Comme le centre de gravité est déplacé, la bonbonne pleine ou vide tend à revenir naturellement à sa place. Un seul homme fait fonctionner cet appareil, en même temps que les touries sont parfaitement garanties soit des secousses soit des chocs.

On emploie depuis quelque temps, en Angleterre et en Amérique, un appareil destiné à vider les touries et qui n'est autre qu'une sorte de pompe se manœuvrant très facilement. (Voir le *Textile manufacturer* 1878, page 378). Cet appareil est dû à un américain M. Nichol.

M. Samain, de Blois, nous fait voir ses excellentes presses pour laboratoire, presses également applicables dans nos cuisines aux couleurs, pour la réduction des pâtes telles que pâte d'indigo, de laques alizarine, etc.

La classe 56 compte plusieurs exposants qui nous intéressent. Nous mentionnerons seulement M. Delamare-Deboutteville dont les diverses machines soit à tirer à poil, glaceuse de fil, etc., ont fait l'objet de rapports publiés dans nos Bulletins.

M. Devilder, de Cambrai, expose plusieurs machines à élargir et une calandre assouplisseuse pour tissus de coton; d'autres machines, destinées au même usage, mais d'un système tout différent, se rapprochant tout à fait de la manœuvre que fait un ouvrier en étirant une pièce à la main, fonctionnent dans l'exposition de M. Marcadier, de Paris. Ces appareils ont le double avantage de détirer les tissus dans leur largeur et de les ramener à fil droit.

Nous remarquons, parmi les diverses machines exposées par MM. Leclerc et Damuzeau, de Sedan, outre une tondeuse pour laine, des fouleuses, des dégraisseuses, et surtout une machine à imprimer les écheveaux ou chineuse. MM. Mahon frères, de Roubaix, exposent également une machine de ce genre ainsi que quelques rouleaux gravés et gaufrés. L'un de nos collègues, M. Ernest Delamare a récemment introduit en France, une chineuse saxonne, dont le rendement est supérieur à celles employées jusqu'à ce jour. En Angleterre, on se sert depuis quelque temps d'une machine due à MM. Thomas Barraclouch, de Manchester, avec laquelle on peut facilement imprimer six couleurs simultanément.

Dans la classe 60, nous trouvons plusieurs expositions remarquables. Commençons par MM. Buffaud frères, de Lyon, dont nous remarquons les machines à lustrer et à étirer, les chevilleuses pour soies; un grand perfectionnement est dû à ces indus-

triels qui ont été des premiers à faire les essoreuses pour blanchiment de velours : dans leur système la pièce est essorée sans
qu'il soit nécessaire de la dérouler et sans autre manipulation.
L'exposition a, du reste, été très sobre d'appareils concernant
le blanchiment.

Nous nous permettrons de vous citer, parmi les créations les
plus récentes, l'appareil de M. Bracewell, de Brinscall, près Manchester, spécial aux chaudières à lessiver. Cet appareil est disposé de telle sorte que le liquide dans une chaudière à blanchir,
reste toujours sur le tissu et ne peut en aucune façon faire retour
sur la chaudière ou être aspiré par le vide relatif que pourrait
donner une dépression momentanée. L'opération du retour n'a
lieu qu'au gré de celui qui dirige la cuisson.

Les appareils pour le blanchiment de la laine ont été perfec-
tionnés par M. Kielmeyer qui, en 1873, avait déjà exposé à Vienne
quelques-unes de ces machines spéciales qui se construisent à
Zittau (Saxe). Citons entr'autres, une cuve à savon où à soude à
double effet, dont l'agencement est utilisable dans d'autres cas ;
dans cette machine, le nombre de roulettes intérieures est disposé

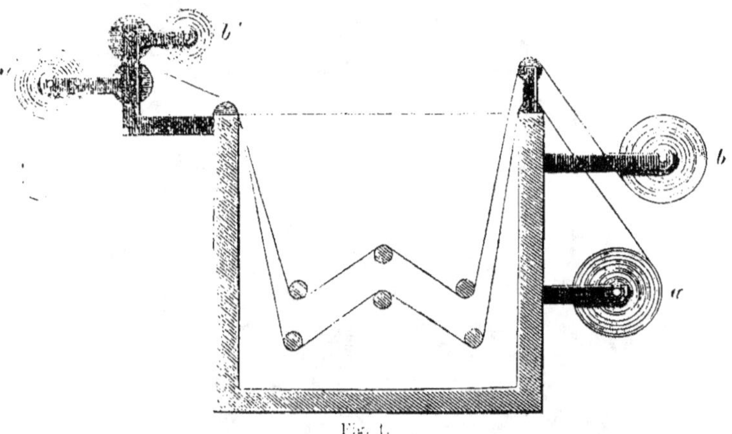

Fig. 1.

de telle façon que l'on peut passer simultanément deux pièces, lesquelles reçoivent. l'action du bain aussi bien à l'envers qu'à l'endroit; dans la pratique on s'est souvent appliqué à faire passer deux pièces à la fois, mais alors on cherchait à éviter l'action du bain sur les deux côtés et on passait les pièces envers contre envers et le bon côté de chaque pièce dans le bain. Ici chaque pièce reçoit l'action du liquide comme si elle passait seule. Le même chimiste a imaginé un soufrage rapide analogue aux chambres d'oxydation dites à la continue.

La pièce entre dans une chambre remplie de vapeur d'acide sulfureux et ressort après y avoir séjourné pendant un certain temps, environ une heure : on peut, naturellement, donner autant de passages qu'il est nécessaire ou qu'on le juge convenable.

MM. Corron, de Saint-Etienne, avaient exposé un outillage complet de teinture. La plupart de ces machines sont tout à fait

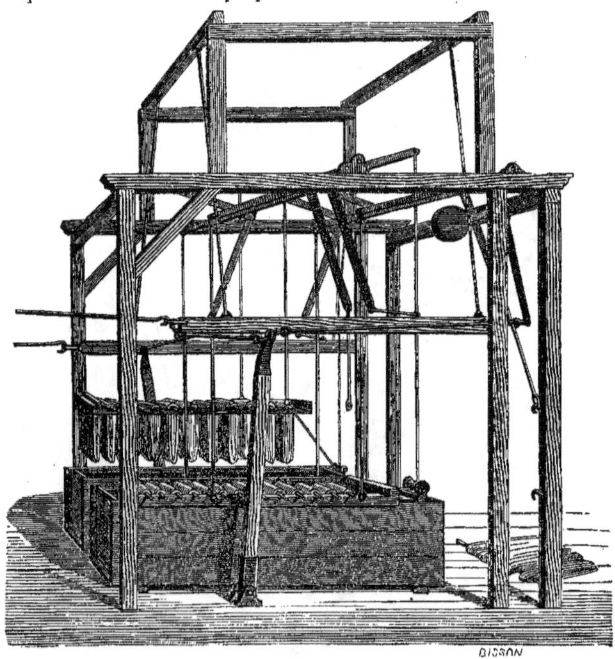

Fig. 2.

nouvelles; citons d'abord la cuve à teindre les écheveaux. Dans
cette machine, les écheveaux sont placés sur des cylindres qui
reposent sur un cadre mobile suspendu au-dessus de la barque ou
cuve à teindre et auxquels on peut faire subir des mouvements
de va-et-vient aussi bien dans le sens horizontal que dans le sens
vertical. Un agencement spécial permet soit de plonger les écheveaux, soit de les sortir tous à la fois.

En Allemagne, on se sert d'un appareil à peu près du même
genre construit par Hauboldt, mais dont nous ne parlerons pas
plus explicitement, ne l'ayant pas vu fonctionner.

Dans la même exposition se trouvaient une secoueuse pour

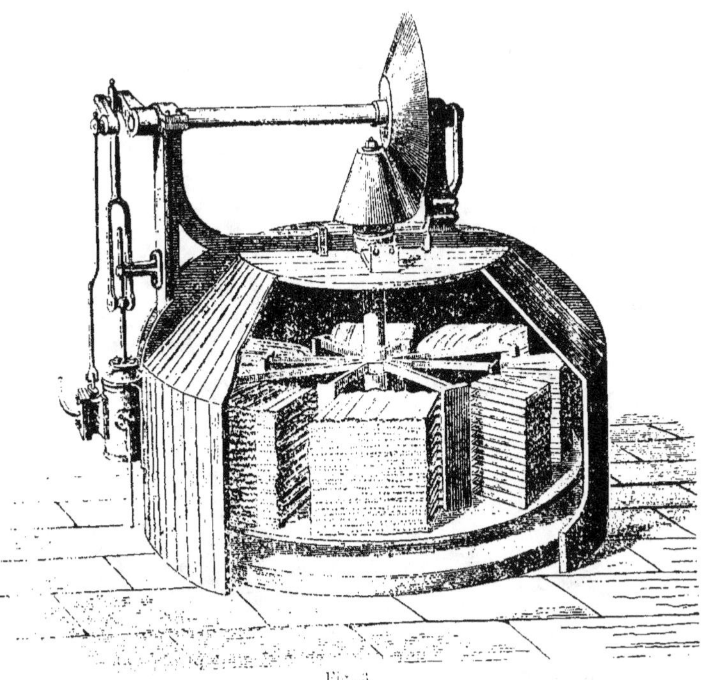

Fig. 3.

écheveaux et une essoreuse à fil droit. Cette machine se compose d'un plateau circulaire horizontal, muni d'un arbre vertical destiné à le mettre en mouvement, les écheveaux tout mouillés sont placés par couches successives sur ce plateau et avec leurs bâtons. Ces derniers sont retenus par des montants verticaux disposés autour de l'arbre, l'écheveau tourné vers l'extérieur : on met l'appareil en rotation, alors chaque fil obéissant à l'action de la force centripète reprend sa place dans l'écheveau et l'eau s'échappant dans le sens de la longueur du fil le force à se redresser.

Un chimiste français, dont nous regrettons de ne pouvoir citer le nom, vient d'inventer une machine essoreuse, mais qui sert à deux fins ; on peut avec la même machine laver des écheveaux puis les essorer. L'appareil se compose d'un arbre horizontal sur lequel sont fixées des barres mobiles parallèles à l'axe. Les éche-

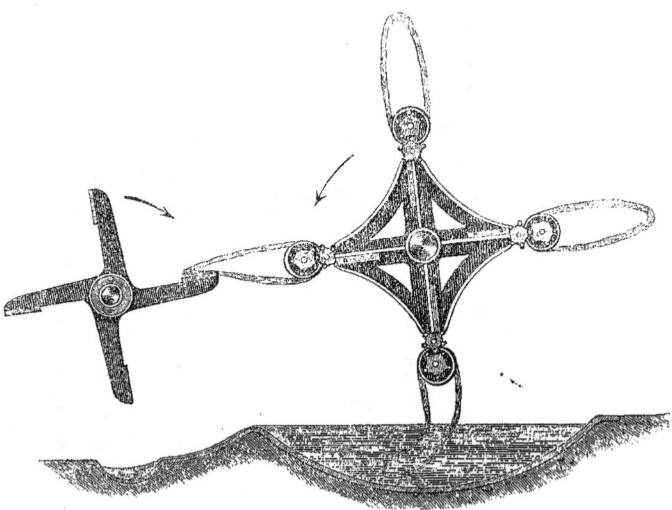

Fig. 4.

veaux sont engagés sur ces barres qui sont mues par un mécanisme spécial de façon à ce que toutes les parties d'un écheveau subissent l'action de la laveuse ; si l'on fait mouvoir l'appareil, les écheveaux plongent dans un réservoir d'eau placé en-dessous, puis vont frapper contre les palettes d'une roue placée en face de l'appareil et animée d'un mouvement inverse, et tel que, chaque passage d'écheveau correspond au passage d'une palette, les écheveaux battus vont à nouveau se plonger dans le réservoir et on continue l'opération jusqu'à nettoyage complet.

Quand il s'agit d'essorer, on recule la roue à palette et on fait fonctionner la machine à une plus grande vitesse et sans introduire de liquide dans le réservoir inférieur, l'appareil, qui est généralement fermé, agit à l'instar d'une fronde.

Notre collègue, M. Delacroix, faisait fonctionner son appareil à plier les étoffes ; dans ce nouveau système, la pièce est pliée non pas sur une surface curviligne, mais sur une surface plane de sorte que tous les plis ont exactement la même longueur, tandis que dans les machines à plateau courbe, l'un des plis extrêmes est toujours ou trop long ou trop court, c'est-à-dire tantôt au détriment du vendeur, tantôt au détriment de l'acheteur. Mentionnons sa machine à doubler qui est d'une conception des plus simples ; citons son système spécial de fermeture pour étente, au moyen duquel on peut instantanément soit ouvrir, soit fermer tout un côté d'une étente quelle qu'en soit la superficie ; il est, du reste, appliqué dans nos premières usines de Normandie ; son appareil automatique pour enrouloirs. On sait que quand on enroule mécaniquement une pièce quelconque, la vitesse se modifie avec la grandeur du rouleau : elle *augmente* pour le rouleau que l'on *déroule* et elle *diminue* pour la bobine que l'on *enroule*. C'est pour remédier aux inconvénients dûs à cet aléa qu'a été imaginé cet appareil.

Les divers systèmes de machines pour cuire les bois, les apprêts, etc., étaient largement représentés par les divers spécimens de M. Girard, de Paris.

Une heureuse innovation dans la toile peinte, et dont la Société industrielle de Rouen a eu la primeur, est celle de MM. Le Tellier et Verstraet qui avaient exposé leurs cylindres presseurs garnis de caoutchouc. Nous n'en parlons que pour mémoire, aussi bien que de la détordeuse de MM. Blondel et Nicollet. Ces divers engins sont décrits, avec tous les renseignements désirables dans vos Bulletins.

Une exposition des plus intéressantes pour notre industrie, a été celle de MM. Pierron et Dehaitre, de Paris. Parmi les nombreux appareils et plans, dessins, etc., de machines exposées, nous signalerons :

La machine à griller les tissus, système Blanche; on peut avec cet appareil régler à volonté la position et la largeur de la flamme qui peut être limitée à la largeur de la pièce à griller. Le bec de gaz est complété par un bec d'air qui favorise la combustion complète du gaz;

Une machine à élargir, d'un tout autre genre que celles indiquées précédemment est due à l'américain Palmer. Cette machine s'applique surtout devant les séchoirs ;

Une étireuse ou élargisseuse dans le genre de celle de M. Devilder, de Cambrai ;

Divers appareils spéciaux pour la décoction des bois, pour le séchage des tissus de coton et surtout pour les apprêts des laines.

Des essoreuses, des laveuses pour ménage de divers types, l'un dit machine simple, l'autre dit à double enveloppe. Dans la machine simple, le liquide et les objets à laver sont enveloppés dans le même récipient, et lavés ensemble comme dans l'ancien système de la roue à laver ou dash-whecl. Dans la machine à double enveloppe, le liquide est dans l'enveloppe intérieure mobile. Il convient d'ajouter que ces machines sont surtout destinées à la petite industrie, soit à des blanchisseurs, soit à des teinturiers dégraisseurs.

Enfin, un appareil automatique permettant de régler l'enroulage d'une pièce au moyen de la combinaison d'un appareil à friction et d'une pédale.

Nous allons terminer cette revue des appareils français exposés, par l'examen des machines de la maison Tulpin frères, de Rouen. Il est superflu de rappeler ici tous les appareils spéciaux à la teinture, à l'impression, au blanchiment, au séchage, à la papeterie, etc., etc., construits par ces habiles ingénieurs. Nous rappellerons seulement leur système de cuisine aux couleurs avec mouvement alternatif pour remuer complétement toute la couleur placée dans la chaudière. L'emploi de cet appareil est pour ainsi dire universel.

Mentionnons à propos de chaudières à couleurs, un notable perfectionnement introduit par des Anglais. La maison Lyon et C⁰. de Manchester, construit en ce moment des chaudières en tôle ou fonte émaillée pour cuisine aux couleurs. Le prix en est assez modique et on peut les utiliser dans beaucoup de cas où l'emploi de chaudières en cuivre est dangereux, soit à cause de la dissolution du métal, soit à cause de son influence sur les couleurs.

MM. Tulpin avaient exposé leur appareil à tamiser les couleurs, appareil que vous connaissez tous par la description qu'en donnent nos Bulletins.

Nous remarquons aussi une petite machine à imprimer les échantillons destinés au Conservatoire des Arts-et-Métiers ; de nombreux types d'hydro-extracteurs, un nouvel appareil à pinces pour apprêter. élargir et sécher les tissus en une seule opération. (Système Lacassaigne.)

Enfin, une machine circulaire à laver les écheveaux de tous genres. Nous appelons tout particulièrement l'attention des tein-

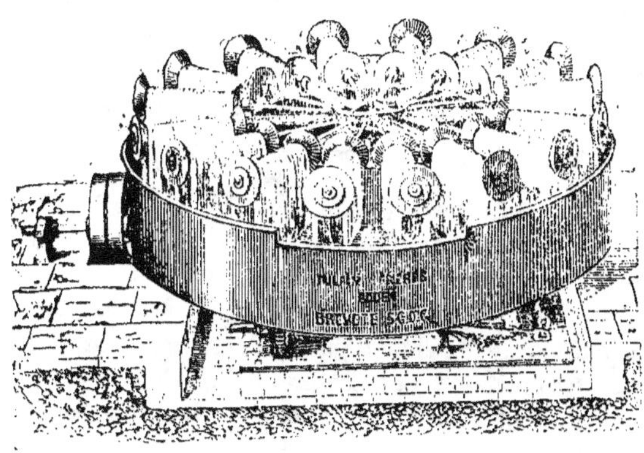

Fig.

turiers sur cet appareil dont le rendement est considérable. Ainsi, deux hommes peuvent laver, en dix heures de travail, environ 4,000 kilog. de coton en écheveaux.

D'autres appareils spéciaux à l'impression des papiers peints, des machines à encoller les fils de chaîne, à satiner les tissus soit d'un côté ou des deux à la fois, des plans et dessins de machines à sécher, à ramer, de foulards à divers usages, soit pour mordants, pour ammoniaque, etc., de presses pour les tissus terminés, de calandre roulante, de machine à beetler, de machine à cirer les tissus, d'humecteuse, de doubleuse, etc., etc., d'appareils de teinture, de broyeuses, d'appareils de blanchiment, grillage, etc., de purgeurs et régulateurs de vapeur, etc.

Nous n'avons pas à examiner ici ces appareils, la plupart très connus et nous avons dû nous limiter à la nomenclature sommaire que nous venons d'en faire.

COLONIES FRANÇAISES.

Guyane. — Parmi les produits qui peuvent nous intéresser, il y a d'abord le rocou, qui est la seule matière tinctoriale qui s'exporte de la Guyane, où elle constitue la branche la plus importante de l'industrie agricole; les rocous les plus estimés viennent des terres hautes. Cette colonie produit encore diverses substances, mais elles ne sont pas utilisées commercialement, telles sont le *gempa americana*, qui est très bon pour la teinture, les feuilles du *bignonia chica* qui donnent une teinture rouge vif, le yayamadou (*virola sebifera*), dont l'écorce est très tannante, les feuilles de *lucée*.

Martinique. — Pas de tissus, mais des matières tinctoriales et tannantes en assez grand nombre; le campêche seul donne lieu à des affaires d'une certaine importance; on trouve encore le curcuma, la noix d'arec, l'écorce de filao (*casuarina equisetifolia*), le *morinda rojoc* qui est de la famille des rubiacées et qui sert à teindre en jaune. L'écorce du baucoulier, le manglier rouge, le jamblonnier et enfin le campêche (*hematoxylon campechianum*).

Guadeloupe. — Cette colonie ne produit guère que du rocou, dont l'exportation en 1876 a été de 693,000 francs.

Sénégal. — Le Sénégal compte environ 200,0000 habitants, mais son mouvement commercial est assez considérable puisqu'en 1876, le chiffre des exportations a atteint 8,850,000 francs. Dans cette somme, figurent surtout les gommes dont il a été exporté dans la même année : 1.039.000 kilog. en bas du fleuve.

$$1.143.000 \quad - \quad \text{en gomme galam.}$$
$$300.000 \quad - \quad - \quad \text{friable.}$$
$$11.000 \quad - \quad - \quad \text{(bacaques).}$$

Le chiffre total indiqué par le tableau général du commerce de la France, donne pour 1876, une somme de 3,141,000 francs pour les gommes seulement, et 6,400,000 francs pour un autre produit, les arachides.

On sait que notre monnaie est très peu en usage, dans l'intérieur surtout; les transactions se font principalement avec les guinées de l'Inde, de Rouen et depuis quelque temps avec celles de la Belgique et de l'Angleterre. Cependant, l'industrie de la guinée ou pagne bleu en coton est considérable et donne lieu à une large exportation sur la côte et dans l'intérieur. En examinant les produits de l'Inde, nous aurons occasion de revenir sur la production de la guinée.

Le Sénégal est très riche en matières tinctoriales et tannantes mais qui demandent à être cultivées pour obtenir un bon rendement.

L'indigofère croît partout à l'état sauvage, les noirs recueillent les feuilles vertes avant la floraison, les pilent dans des mortiers et en font des boules qui sont d'un emploi général et l'objet d'un commerce actif avec l'intérieur.

Il n'a été fait que peu d'essais avec les indigos du Sénégal, malgré la qualité des produits obtenus. Mais cet insuccès ne doit être attribué qu'à l'insuffisance des capitaux engagés, la plante donnant jusqu'à *vingt* récoltes par an et durant de quatre à cinq ans, ce qui compense largement l'élévation de la main-d'œuvre. (Voir catalogue des Colonies françaises, pages 130 et suite).

Nous trouvons encore le sorgho noir, le *cochlospermum tincto-rium* employé pour teindre en jaune, le rhatt, *combretum gluti-nosum* dont les feuilles et les racines donnent une belle teinture jaune, le palétuvier, en ce moment à l'étude dans notre Comité de chimie, le henné, les gousses de divi-divi, etc.

La grande production du Sénégal est la gomme. Le commerce de cette substance se fait en France et surtout à Bordeaux. — Voici les différentes dénominations usitées avec leur usage et un prix relatif indiquant les valeurs comparatives. Le prix est celui pratiqué en 1877 :   par 100 k.

Gomme blanche, droguerie, pharmacie, lingerie, den-
    telles . . . .   275 fr.
— *petite blanche*, droguerie, pharmacie, apprêts
    fins, distillerie, etc   245
— *blonde*, idem et impression sur tissus.   230
— *petite blonde*, idem et confiserie, apprêts, col-
    lage d'étiquettes, enveloppes.   185
— *deuxième blonde*, droguerie, collage, allumettes.   210
— *gros grabeaux*, idem, apprêts ordinaires, col-
    lage d'enveloppes, d'étiquettes, etc. . . .   125
— *moyens grabeaux*, droguerie, confiserie, apprêts,
    collage d'étiquettes, d'enveloppes, etc., etc.   115
— *menus grabeaux*, droguerie, confiserie, encre.   105
— *fabrique*, employée en grande partie par l'industrie
    russe, pour apprêts de tissus, laine et coton.   ?
— *grabeaux triés*, droguerie, pharmacie, confise-
    rie, distillerie. . . . .   ?
— *friable blanche*, idem. . . . .   ?
— *friable blonde*, id. . . . .   ?
— *petite fabrique*, collage, apprêts de tissus et
    épaissiments. . . . .   ?
— *poussière*, apprêts communs, impressions sur
    tissus, encres, cirages . . . .   ?
— *marrons et bois*, collage, encre et cirages . . .
— *boules naturelles*, droguerie, pharmacie, apprêts
    de soierie de Lyon . . . .   ?
— *Bdellium*, spécialement pour pharmacie . . .   ?

Parmi les appareils de teinture et d'apprêt employé par les Sénégalais, figurent les *taparkas*, sorte de planche à surface courte, à quatre pieds sur lesquelles les indigènes passent leur linge pour le lustrer, au moyen d'un bâton spécial. (Voir *Études sur l'Exposition*, chez E. Lacroix, tome VI, page 432.)

Gabon. — Nous ne trouvons à signaler dans cette colonie que les spécimens de *santal rouge* d'Afrique, sorte de bois très dur, employé en teinture. On en fait des chargements considérables : les trois quarts du bois rouge consommé en Europe, sous le nom de *Barrood*, des Anglais et d'*Ezigo*, des indigènes proviennent du Gabon ; les billes sont de 2 1/2 à 3 kilog. et coûtent, sur place, de 7 à 10 fr. le cent. Cette colonie pourrait, dit-on, en fournir des quantités à peu près illimitées.

Cochinchine. — Cette colonie produit une certaine quantité de tissus de coton, mais insuffisante pour en faire un commerce d'exportation.

L'importation n'a pris jusqu'à présent que très peu de développement. L'uniformité du climat, les habitudes des indigènes et la pauvreté des habitants sont autant d'empêchements à l'emploi des productions occidentales.

L'habillement annamite est toujours de coton teint soit *à la nou* à l'indigo ou à la rouille. il est d'une largeur constante que les anglais ont cherché à imiter ; ces contrefaçons introduites par la voie de Singapoure et de Hong-Kong laissent à désirer et il paraît facile de leur faire concurrence. mais il faut avant tout adopter les mesures indigènes.

Le service local avait exposé plusieurs spécimens des tissus les plus en vogue dans cette colonie.

D'un autre côté, le climat se prête parfaitement à la culture de la soie. Il y a peu d'annamites qui, à côté de leur habitation, n'aient pas un petit champ de mûriers, destinés à une petite éducation de vers à soie dont les femmes prennent généralement soin : ces dernières filent et tissent elles-mêmes leurs soies pour l'usage de la famille. les tissus sont tantôt écrus, tantôt à petits carreaux obtenus par des effets de chaîne nouée.

Les couleurs sont le bleu, le noir, le blanc, le rouge solférino, le jaune et le vert, les tissus doivent être aussi souples que possible, car le moindre apprêt est incompatible avec la souplesse que demande le costume flottant des indigènes. Parmi les nombreux spécimens exposés, nous retrouvons ici aussi des tissus apprêtés au thao.

Un certain nombre de produits colorants tels que le *Xanthium indicum*, pour teinture en jaune, l'*hebradendon Cambodgioides* écorce qui colore en noir ; l'Eugénia, de la famille des myrtacées, qui colore en noir, le bois de Calliatour et enfin une autre écorce indéterminée dont les naturels se servent pour enlever les couleurs des tissus teints, figurent dans l'exposition de cette colonie.

Nous trouvons encore du cachou d'arec, de l'indigo, soit en feuilles vertes, en pains et diverses autres préparations indigènes d'indigo. Mentionnons enfin le haï-thao ou agar-agar ou gélose ou encore mousse du Japon, ou ising-glass dont l'application a donné lieu à de nombreux essais relatés dans nos bulletins.

Inde française. — L'importance du commerce de cette colonie avec nos possessions d'Afrique, nous autorise à vous donner quelques chiffres concernant ses exportations en 1876 (dernière année relevée dans le tableau général des douanes de France), il a été exporté, en

Indigo.	353.000 fr.
Toiles et percales bleues.	3.250.000
Autres tissus de coton.	500.000
Mouchoirs des Indes.	500.000
Pagnes	1.250.000
Soit.	5.853.000 fr.

Ce chiffre assez élevé pour une population relativement minime (285,000 habitants), nous montre l'importance de l'industrie cotonnière dans l'Inde, industrie des plus utiles pour nos relations commerciales avec le Sénégal et en même temps avantageuse pour notre colonie de Pondichéry et nos autres manufacturiers métropolitains.

Nous devons ici placer quelques mots au sujet de la *Guinée*, qui est une des grandes ressources de la colonie et de ses habitants.

La toile bleue dite *Guinée*, fabriquée sur le territoire français de Pondichéry est un tissu de coton teint au moyen de l'indigo, et qui depuis une époque fort reculée, est employé dans les transactions au Sénégal comme une véritable monnaie servant à régler les échanges.

Cette industrie de la *Guinée*, a pour notre colonie indienne une importance capitale. Il ressort en effet, des déclarations recueillies à Pondichéry dans le sein du conseil général, ainsi que des renseignements réunis par la Chambre de commerce qu'elle fournit seule les moyens d'existence à *six mille* ouvriers de professions diverses et que ces 6,000 individus représentent autant de chefs de familles composées toujours de membres qui subsistent de leurs salaires.

C'est donc, en réalité, une partie considérable de la population coloniale que fait vivre la fabrication de la Guinée.

Cette production estimée en moyenne à 3,000 balles de 100 pièces de 15 mètres l'une (15,000 pièces) annuellement, soit le douzième de la production totale de la fabrication française, est certainement appelée à atteindre au minimum 4,000 balles.

Elle représente pour la colonie, tant en achat de marchandises premières, transports, main-d'œuvre, réexportation, un mouvement commercial qui atteint le chiffre imposant de 8 millions et qui pourra s'élever jusqu'à 10.000.000 de francs si rien ne contrarie son essor.

Les fils proviennent de trois filatures mécaniques créées à grands frais et aussi de nombreux rouets fonctionnant à la main.

Ces filés sont convertis en tissus écrus par l'intermédiaire d'un important tissage mécanique et d'un très grand nombre de tisserands travaillant à domicile sur des métiers du pays.

Les ouvriers employés à ces diverses transformations de la matière première sont d'autant plus nombreux que, par suite des conditions climatériques, le travail de chacun d'eux est nécessairement modéré. C'est ce qui explique la participation dans ces travaux d'une population relativement très considérable

Pour donner une idée, quoique incomplète de la valeur du matériel industriel, il nous suffira d'indiquer que le principal établissement de Pondichéry a dépensé dans dix ans à peine *plus d'un million* rien que pour renouveler et augmenter son matériel, en grande partie construit par plusieurs de nos collègues de Rouen.

La pièce de toile écrue est teinte chez de nombreux teinturiers indigènes possédant chacun leur atelier particulier. Leur quantité s'explique par la modération d'une production individuelle que limite la simplicité des méthodes employées ; mais ces procédés primitifs et en apparence inférieurs donnent au contraire des produits tellement appréciés des consommateurs maures, à cause de l'odeur particulière qu'ils dégagent, qu'on a cherché à les imiter en mettant en œuvre tous les perfectionnements de l'industrie européenne. Cette situation spéciale fait comprendre que les teintures natives ne peuvent être remplacées et que dès lors, le nombre de teinturiers occupés à la production de la Guinée ne saurait diminuer.

Il importe de faire remarquer ici que *la Guinée* joue un rôle principal dans les transactions avec le Sénégal et que depuis un temps très reculé cette pièce de tissu sert de monnaie pour régler les opérations de troque pendant la traite.

Tant que l'on n'employait que *la Guinée de l'Inde et celle de Rouen,* les opérations de traite se faisaient sans difficulté, les poids et les dimensions de ces dernières étant parfaitement observées ; le cours des échanges était exactement déterminé au moyen de cette formule usuelle et caractéristique. *On traite la gomme tant de kilogs pour une pièce de Guinée* [1] et c'est encore ainsi que l'on s'exprime aujourd'hui.

L'introduction des guinées étrangères, conséquence du décret du 24 décembre 1864, inaugurant le système libre-échangiste *sans réserve,* à bouleversé les anciennes bases adoptées pour la troque, en créant une refonte de type de valeur inégale et variant

----

(1) Voir une très intéressante Notice sur l'industrie de la Guinée à Pondichéry, par M. Chaumel, Durin. Bordeaux, 1879.

en même temps que le poids de la pièce et la différence de qualité
du tissu. Il est facile de comprendre l'influence pernicieuse qu'a
exercé sur les transactions commerciales l'usage d'une monnaie
(*car la guinée est une vraie monnaie*) qui n'avait aucune fixité et
qui n'était représentée que par des types de plus en plus avilis.

Cet abaissement progressif produisit rapidement des effets
tellement désastreux que non seulement les traitants se plaigni-
rent unanimement de la confusion survenue dans les échanges,
mais que les commerçants de Saint-Louis et de Bordeaux furent
obligés de s'entendre pour fixer un poids *minimum* d'un type de
guinée devant marquer la limite extrême des qualités inférieures.

Ces diverses considérations et d'autres d'un ordre économique,
et qui seraient déplacées dans ce Rapport, provoquèrent le décret
du 19 juillet 1877, dans lequel le poids minimum de la guinée a
été fixé à 1,800 grammes. Ce poids a été considéré comme se
rapprochant le plus des anciens types et par conséquent comme
le plus propre à ramener l'ordre dans les échanges.

Si nous nous sommes si longuement étendu sur la guinée,
c'est que Rouen, il y a quelques années, produisait des quantités
considérables de ces tissus destinés au Sénégal. Par suite des cir-
constances que nous venons d'indiquer, le marché rouennais, mis
en concurrence avec la Belgique et l'Angleterre, ne put soutenir
la lutte; mais aujourd'hui que les conditions sont changées, nous
avons pensé devoir appeler l'attention des teinturiers de notre
région sur cette industrie qui offre des débouchés considérables
et qui, dans les conditions actuelles, peut devenir un aliment des
plus importants pour nos manufactures.

Nos établissements de l'Inde ne livrent à l'exportation qu'une
faible quantité de matières colorantes ; mais les noix d'arec et
le cachou y constituent l'objet d'un commerce intérieur d'une
certaine importance. Ainsi l'Inde produit les curcumas, les noix
de Mirobolam et de Lac-dye, les racines de Morinda, de Sayaver, etc. La noix d'arec donne plusieurs sortes de cachous obtenus
par décoction, l'un appelé cutta cumbou sert de masticatoire, et
l'autre nommé cashcuttée est réservé pour les usages médici-
naux.

Dans les rubiacées, nous remarquons le *Morinda-citrifolia, tinctoria, tomentosa, augustifolia*, le *rubia cordifolia* appelé par les indigènes Yanoogoo, Mundavilloo, et qui correspond à notre garance, puis encore l'*oldenlandia umbellata* ou Sayaver; outre les substances précitées, notre colonie produit une certaine quantité d'indigo connu sous le nom d'indigo Madras, et qui sert presque en totalité à la teinture des *Guinées*, c'est une industrie assez considérable puisque l'on compte sur le seul territoire de Pondichéry, 9,491 hectares cultivés en indigofères, dont la production annuelle est d'environ 3 millions 800,000 kilogs de feuilles sèches. Il y a 101 indigoteries et 92 teintureries teignant 420,000 pièces de toile de 16 mètres de long sur 1 mètre de large.

Une grande quantité de variétés d'indigo étaient exposées et nous citerons seulement les indigos en pains préparés avec les feuilles *sèches*; les indigos en pains préparés avec les feuilles *vertes;* les indigos en pains préparés par infusion dans l'eau bouillante; les indigos de Cuddapah, Villenour, Bahour; les indigos préparés à la vapeur, etc. Vos bulletins mentionnent plusieurs analyses d'indigos de Pondichéry, dont vous avez les types dans vos collections.

La Réunion. — Cette colonie ne produit ni tissus ni matières colorantes proprement dites, mais une certaine quantité d'écorces tannantes, telles que l'écorce d'*Ochrosia barbonica*, l'écorce de *Veinmannia macrostachya*, le rocou, le curcuma, le bancoulier, le manguier, l'accacia lebbeck, le badamier, le myrobolam citrin.

Mayotte et Nossi-bé. — Nous avons remarqué, à simple titre de curiosité, les tissus dits *rabanes*, étoffe faite en feuilles de *raphia, Sagus raphia* ou Sagouyer, puis le Vacona, (*Pandanus utilis*) qui sert à la confection des sacs à sucre.

Tahiti et dépendances. — Dans l'exposition des fils et tissus, nous remarquons certains produits qui tendent à disparaître devant l'invasion du coton, ce sont les fils de *piripiri* (*urena lobata*), les *Tapas* ou étoffes en écorce d'arbre à pain, les tissus de *broussonetia papyrifera*, d'*urostigma prolixum* et de *ficus tinctoria*.

Parmi les matières colorantes, nous ne trouvons que le *bancoulier*, le *nono* ou *morinda citronifolia* et le *mati*, suc colorant provenant du *ficus tinctoria*; dans la série des textiles, remarquons le *hibiscus tiliaceus* (malvacées) nommé *Burao*, et dont il a été transporté d'énormes quantités à Hambourg, pour un usage inconnu.

Citons aussi, comme appareils, les battoirs spéciaux qui servent à la confection des tapas ou étoffes en écorce d'arbre à pain.

Nouvelle Calédonie. — L'industrie y est à peu près nulle, aussi pas de spécimens de tissus et encore moins d'impressions. Les matières textiles y sont cependant très abondantes, entr'autres, l'agave américaine, l'*ananas sativa*, le bananier, le *pandanus* qui sert à faire des sacs, le mûrier à papier, le *pipturus velutinus* ou Deœ, dont les fibres sont employées à la confection de filets d'une très grande résistance et ne pourrissant pas dans l'eau.

Les indigènes empruntent quelques teintures au règne végétal et surtout aux morinda pour colorer les cordonnets en poils de roussette. La Nouvelle-Calédonie produit aussi du curcuma, du palétuvier, de l'indigo, mais ces matières ne sont encore l'objet d'aucune culture et d'aucun commerce.

ANGLETERRE.

La Grande-Bretagne occupe à elle seule près du quart de l'espace réservé aux expositions étrangères. Non seulement elle a l'Angleterre proprement dite, l'Écosse et l'Irlande à mettre en relief, mais après les Indes, dont elle se préoccupe avec un soin visiblement jaloux, il faut encore représenter ses nombreuses colonies, l'Australie, la Nouvelle-Zélande, Ceylan, Aden, la Guinée, le Canada, la Nouvelle Galles, etc., etc.

D'après M. Edmond Potter (*in* Mémoires sur les impressions sur coton, 1853), il y avait en 1852 dans la Grande-Bretagne :

120 fabriques d'indiennes en Angleterre (Lancashire).
 81   —   —   Ecosse.
  1   —   —   Irlande.
 22   —   —   à Londres.
____
224

En 1843, il y avait à Londres seul, 33 fabriques d'impressions.

En 1879, on compte en Angleterre [1], 149 maisons s'occupant spécialement de l'impression sur tissus. Le nombre des machines à imprimer est de 1,045 ; le nombre de tables est de 4,304, le tout occupant 30,000 ouvriers, sans compter 35,000 autres ouvriers plus spécialement occupés au blanchiment ou aux apprêts.

L'importance de l'impression et de la teinture peut se résumer par les chiffres suivants, que je dois à l'obligeance de M. Simmonds, délégué de la section anglaise et membre de la Société industrielle de Mulhouse.

Il a été consommé en Angleterre en 1876, pour 12,500,000 francs d'*alizarine artificielle*.

La France a importé en *garances :*

       En 1867 pour. . . . . 5.700.000 fr.
          1876 pour. 550.000

L'impression et la teinture ont consommé en :

MATIÉRES.	1867	1876
	francs.	francs.
Garance.	13.725.000	2.400.000
Garancine.	10.875.000	3.550.000
Cochenille.	20.000.000	8.300.000
Indigo.	59.650.000	53.250.000

La quantité d'alizarine consommée explique clairement les différences considérables que nous trouvons dans le tableau ci-dessus.

_____

[1] Voir statistique de M. Grad, *loco citato*.

Les exposants anglais qui n'étaient guère qu'une vingtaine, représentaient dans des proportions minimes, il est vrai, mais assez exactes, les divers types que produit la Grande-Bretagne. Nous y avons trouvé, en effet, des rouges turcs de diverses nuances, des impressions sur rouge en quatre et cinq couleurs à destination de Calcutta, des mousselines unies et imprimées, des lustrines, des jaconas, des organdis, des velours de coton en fond rouge, par exemple, très bien rendus, des moleskines, doublures, linettes, des articles de coton imperméabilisé, des garancines, genres violets, des meubles sur tous tissus, des nattés à dix et douze couleurs, des étoffes pour parapluies, des *Zanella*, des imitations sur coton de cuirs de Cordoue, des frappés en double camaïeu, perses, pompadours, fonds blanc, des cravates avec noir et orange, des bleus indigo, des guinées, salempores, succatons, morées, très cuivrés, des tissus bleus de divers genres et de diverses laises pour l'exportation, et enfin des genres pour ameublements sur divers textiles et en toute espèce de combinaisons, depuis le *velours riche à douze couleurs*, jusqu'à l'article cravate à cinq et six couleurs, qui se vend en détail à Paris, à raison de 0,15 centimes la cravate et dont voici quelques spécimens.

Une des curiosités de la classe XXXIII a été l'exposition renfermant les nombreux échantillons de *peau de phoque*, teinte et imprimée, mais dont l'usage nous est inconnu.

Au point de vue de la grande industrie chimique, l'Angleterre produit des quantités énormes. Ainsi en 1877, il a été importé 186,000 tonnes de pyrites pour la fabrication de l'acide sulfurique, sans compter 198 mille tonnes de soufre de Sicile, 192,500 tonnes de sel marin pour la préparation de la soude. Il a été produit 97,000 tonnes de sel de soude, 97,100 tonnes de cristaux de soude, 9.300 tonnes de bicarbonate de soude, 1,500 tonnes de soude caustique, 25,000 tonnes de chlorure de chaux. En 1876, d'après M. Maclear, dans un mémoire lu à la « Society of Arts », la production totale des soudes et dérivés a été de 430,000 tonnes obtenues avec un capital de 175.000.000 de francs. Les aluns et dérivés qui étaient établis dans le Yorkshire depuis 1860, ont à peu près disparu, et aujourd'hui il n'existe plus qu'une seule usine près de Newcastle. Il en est de même des prussiates de potasse dont l'industrie a presque disparu depuis les applications dérivées du goudron de houille. Les bichromates de potasse sont toujours réservés à l'Angleterre qui produit de 3,000 à 4,000 tonnes par an.

L'industrie en couleurs d'aniline occupe une grande quantité d'ouvriers et si nous ne pouvons citer des chiffres précis, nous devons au moins mentionner les usines de Perkin, aussi habile chimiste que grand manufacturier et dont nous ne pouvons ici relater les nombreuses applications et découvertes; Holliday, Brooke Simpson et Spiller, Lowe et C°, etc., William Thomas et Dower. C'est au chimiste de ce dernier établissement, M. Witt, que l'on doit de nombreuses et intéressantes applications parmi lesquelles l'induline, qui, dans certains cas remplacera l'indigo, la chrysoïdine, obtenue par l'action du diazobenzol sur la phenylinediamine etencore une série de combinaisons de l'acide diazo-phénylsulfureux avec des amines et des phénols, les tropéolines, etc.

COLONIES ANGLAISES.

Les nombreuses colonies anglaises ont relativement peu exposé quant au sujet qui nous occupe; nous ne mentionnerons donc que très superficiellement les expositions du *Canada*, avec ses cotonnades et quelques fabriques de produits chimiques (Lymann, Rose et Saunders). Dans la colonie de *Lagos* nous trouvons des indigos, des bois de teinture et quelques tannins. Le cap de Bonne-Espérance ne nous offre que quelques spécimens de bois de teinture. Le gouvernement de Queensland si riche en produits métallurgiques et en houillières à peine exploitées, avait une jolie exposition de *couleurs* mais sans autres renseignements. La Jamaïque n'a pu nous intéresser que par ses nombreuses variétés d'huiles et ses spécimens de substances médicinales et tannantes; Ceylan avait exposé de remarquables *sarrongs*, des vêtements de coton, du fil de *Batticalao*.

L'Australie ou Nouvelle Galles du Sud n'a pas d'impressions, mais la préparation et la teinture des laines y font des progrès considérables; ainsi, ce pays comptait :

	1855	1864	1875
Fabriques de draps . . .	5	5	8
Préparations de laines.	2	2	33
Teintures	1	7	8

Enfin, la colonie principale de l'Angleterre, autrement dit *l'Empire des Indes* avait une exposition intéressante à tous les titres.

Nul n'ignore que c'est de l'Inde que nous vient la toile peinte et si nous entrons ici dans quelques développements, peut-être prolixes, nous espérons être excusés en raison de l'intérêt capital que nous présente ce pays, le vrai berceau de notre industrie. On admet que les Egyptiens ont cultivé, tissé et teint le coton dès les temps les plus reculés. Ils désignaient cette plante sous le nom de *Kotn*. Les Arabes l'appelaient « *Kootn* ». D'après M. Birdwood, le mot *cotton* est employé dans le passage suivant d'Esther (150 av. J.-C., 1-6), où il est dit : *il y avait des tentures* BLANCHES, VERTES et BLEUES; or, le mot hébreu traduit par vert est celui de *Karpas* identiquement le sanscrit *Karpasa* et l'hindou *Kapas* (coton dans sa gousse), désigné comme produit aborigène de l'Inde. D'après cet auteur, on doit lire le passage en question comme suit : *il y avait des tentures blanches et bleues en coton, rayées*, et il ajoute qu'il les assimile absolument aux Sattrangés qui se font de nos jours dans l'Hindoustan.

Du reste, il est avéré que les Brahmanes conservent dans les pagodes des reliques très anciennes et ornées de vêtements teints. C'est, en effet, de l'Inde que nous viennent depuis un temps immémorial, les *Madras*, les *Bandanas*, les *Cachemires*, le nankin, les perses, etc., et bien d'autres encore. Toutes ces dénominations sont consacrées dans le commerce depuis des siècles et elles nous prouvent que c'est bien de l'Asie orientale que nous sont venus les premiers procédés de teinture et de peinture des fils et des tissus.

Nous venons de citer une série de noms de tissus tirés des Indes. Nous allons, à ce sujet, donner quelques étymologies de divers tissus fabriqués primitivement aux Indes et très connus. On verra combien souvent le nom diffère de la chose, par suite de modifications apportées par le temps et l'usage.

Les tissus tirent fréquemment leurs noms des localités où, pour la première fois, ils ont atteint leur degré de perfection et les conservent longtemps après que les manufactures locales ont été transférées ailleurs. Quelquefois aussi le même nom est appliqué à un genre de produits absolument différents. C'est ainsi que le mot *Damasser* vient de Damas en Syrie, *Satin* de *Zaytoun* (Chine), *Dimitti* de *Damiette*, *Calicot* de *Calicut*, *Madapolam*, de la ville de *Madapollam*, dans l'Hindoustan anglais, près de Mazulipatam, *Mousseline* de *Mosul*; Mario Polo (Livre I, chap. 5), du royaume de Mosul, dit : tous les vêtements d'or et d'argent que l'on nomme *Mosolins*, se font dans ce pays et ces gros marchands appelés *Mosolins*......, sont aussi de ce royaume. D'après le colonel Yule, le mot *Mosolin* ou *Mousseline* avait une signification fort différente de celle qu'il a maintenant. Une citation d'Ives, faite par Marsden, prouve que ce mot fut appliqué au moyen âge à une forte étoffe de drap de coton qui se fabriquait à Mosul.

Le *Bougran*, en anglais *Buckram* dérive, dit-on, de Bockhara, Turkestan. La *Futaine*, en anglais *Fustian* tire son nom de Fostat, une des villes du moyen âge qui forme aujourd'hui le Caire en Egypte. Le *Cambric*, espèce de batiste, vient de Cambrai (Nord de la France). Le *Sarcenet*, taffetas léger et peu lustré, tire son origine de Saracens ou Sarrazins. Les Maures ont donné leur nom à la *Mohair*, moire étoffe de poil de chèvre. L'étoffe appelée *Nankin*, vient de Nanking, la *gaze*, vient de *Gazza* et la *serge croisée*, dite baize, de *Baïes*; le *Droguet*, vient de *Drogheda*, la *Bourre d'Elisandre* ou plus tard la *Bourdalisandre* dérive d'Alexandrie.

Le velours, ainsi que le *Samit* d'où les Allemands ont fait *Sammet,* sont deux tissus d'origine orientale; l'étymologie du premier en vieil anglais est *velouette,* qui vient lui-même de l'italien *vellute,* signifiant moutonneux, et du latin VELLUS, une toison.

Le second vient de ἐξ six et μίτοι fils, parce que la trame était composée de six fils; enfin le *camelot,* se tissait dans le principe avec du poil de chameau, en allemand *Kameel haar,* et en anglais *camels-hair.*

De même les toiles désignées sous le nom générique de *cotonnades,* dans les Indes et en Angleterre, n'étaient pas toujours en coton; il est avéré qu'en 1641, Manchester fabriquait des tissus imitant les toiles des Indes et ces tissus étaient en *laine*. En vain, Manchester essaya de rivaliser, avec les tissus imprimés de l'Inde, sur les bases du libre-échange d'alors. Graduellement, les *Indiennes* ou tissus de l'Inde devinrent d'un usage si général en Angleterre au détriment des manufactures de laine et de lin du pays, qu'elles excitèrent contre elles le sentiment populaire. (Birdvood, Guide of the Indish section at the Paris Exhibition of 1878, page 87). Alors le gouvernement anglais cédant à la clameur générale passa dès 1721, une loi *qui prohibait le port de toute étoffe de calicot imprimé quelle qu'elle fût*. Cette loi subit en 1736 une modification assez originale; elle permettait de porter du calicot « *pourvu que le tissu dont il était fait, fût entièrement en fil de lin.* » (Birdvood, *loco citato*).

Les premières manufactures de coton furent établies en Ecosse en 1676 et à Glasgow en 1738 (toujours d'après M. Birdvood). A Manchester, les fabriques d'impression existaient en 1764. Cependant on faisait à Londres et à Manchester dès 1641 des *basins et des vermillons* en laine et en coton.

A ce sujet, et puisque nous sommes dans les étymologies, faisons remarquer que le mot *cramoisi* synonyme de *vermillon*, tire son nom de l'ancien kermès qui s'employait partout avant 1518, date de l'introduction de la cochenille d'Amérique. Le kermès est l'ancien *Tola* de Moïse avec lequel on teignait deux fois les tentures du tabernacle et les vêtements des prêtres hébreux. Le kermès ou *coccus illici* a beaucoup d'analogie avec la cochenille, mais fournit des teintes plus jaunes. Du nom de l'insecte (en arabe Kirmij) on a fait *carmin* et *cramoisi*, *vermeil* et *vermillon*. L'insecte vint de l'Arménie et son nom de kirmij vient de *quer mes* ou baie de chêne. Dioscoride l'appelle Κοκκος βαφικη. Pline (XXIV-4) dit : *est autem genus ex eo in attica fere et Asia (Proconsulari) nascens celerrime in* VERMICULUM *se mutans quod ideo solecion vocant*, c'est-à-dire : dans l'Asie proconsulaire, cet arbre donne naissance à une espèce qui se change très rapidement en un petit ver que l'on nomme pour cela *solécion*. *Vermillon* est certainement synonyme de *Vermiculum*. En réalité vermiculium au moyen-âge signifie kermès et par suite les vêtements teints avec ce produit se nommaient *vermiculata* et en anglais *vermilions*.

L'expression française de vermillon signifiait à l'origine kermès et ce n'est que par une série de transformations successives que nous sommes arrivés en France a désigner par ce nom le cinabre ou bisulfure de mercure, connu de toute antiquité puis qu'il en est déjà question dans Ezéchiel (XXIII 14) qui y fait allusion en parlant des personnages peints en rouge sur les murailles des Chaldéens.

L'Inde produit encore aujourd'hui des quantités considérables de tissus de tous genres tant en coton qu'en soie, ainsi il a été exporté les quantités suivantes en :

ANNÉES.	COTON MANUFACTURÉ.	LAINE MANUFACTURÉE.	SOIE MANUFACTURÉE.	INDIGO ET MATIÈRES TINCTORIALES.
	Liv. st.	Liv. st.	Liv. st.	Liv. st.
1872.	1.070.000	198 000	164.000	3.700.000
1873.	1.279.000	353.000	199.000	3.426.000
1874.	1.414 000	229.000	239.000	3.555.000
1875.	1.426 000	211.000	255.000	2.576.000
1876.	1 380 000	217.000	260.000	2.875.000

Parmi les nombreux genres de cotonnades indiennes, figurent le genre spécial dit *punjam*, qui se fait à Vizagapatam ; *punjam* signifie 120 fils et cette étoffe reçoit la dénomination de 10, 12, 14, et jusqu'à 40 *punjams*, suivant le nombre de fois, 120 fils qui se trouve contenu dans le nombre total des fils de la chaîne ; on les teint en bleu à Madras et on les exporte au Brésil, à Londres, etc.

On fabrique à Bangalore des cotonnades assez grossières, en deux couleurs noir et rouge, avec des sujets mythologiques tirés du *Ramayana*, quelquefois on y trouve du jaune rentré après coup ; on imprime encore des cotonnades à *Chauda*, à *Dacca, Arcot-Agra, Bijapore, Shikarpur* ; les procédés usités sont toujours les mêmes, c'est-à-dire l'emploi de résiste, puis une teinture unicolore. Dans les vitrines du prince de Galles figurait une merveille de ce genre, un foulard de coton en huit couleurs, toutes solides et obtenues l'une après l'autre par réserve et immersion, de sorte que la surface totale du tissu a été recouverte huit fois de réserve et teinte autant de fois.

La soie, et nous parlerons surtout ici de la soie sauvage dite Tussore, dont la manipulation (blanchiment, teinture) était des plus difficiles il y a quelques années, est aujourd'hui absolument entrée dans la consommation depuis l'application du bioxyde de baryum par Tessié du Motay. Les quantités employées ne font que croître ainsi qu'on peut en juger par le tableau suivant :

Soies de l'Inde entrées à Londres.

ANNÉES.	STOCK AU 1er JANVIER	IMPORTATION.	CONSOMMATION
1874	662 balles	0 balles	168 balles
1875	494 —	0 —	319 —
1876	173 —	427 —	171 —
1877	428 —	1.037 —	283 —
1878	1.181 —	837 —	736 —
1879	1.282 —		

Voici en même temps les prix des diverses qualités de soies sur le marché de Londres au 1er janvier 1879 :

PROVENANCE.	PRIX PAR LIVRE ANGLAISE.		PRIX PAR KIL. FRANÇAIS.
Chine écru Tsatlée.	13	6	42.50
Canton n 1	13	6	37.28
— n 5	11	6	31.80
Japon n 2	16	0	20.06
Organsin d'Italie	25	0	69.10
Bengale écru	13	0	38.48
Tussore	7	6	12.40

Do nombreux spécimens de soie Tussore, sous toutes les formes possibles, avaient été exposées et nous avons remarqué les bleus d'indigo qui, d'après M. Wardle, ont été appliqués par lui pour la première fois sur étoffes de soie ; un autre échantillon est teint avec une matière très commune aux Indes, mais inusitée en Europe. C'est la poudre des capsules du *Mallotus Philippensis* [1] (Mull.). Le mordant approprié est l'alumine avec laquelle on obtient des jaunes et des oranges d'une solidité toute particulière

Quelque nombreuses que soient les matières colorantes de l'Inde, il n'y a que l'indigo qui nous intéresse d'une manière particulière nous avons vu précédemment quelle est la valeur en liv. st. des quantités exportées de 1872 à 1876.

Nous terminons l'étude de ce vaste pays par un tableau donnant les quantités et valeurs de l'indigo, importé directement des Indes anglaises.

Importation d'Indigo de l'Inde anglaise.

ANNÉES.	QUINTAUX ANGLAIS.	VALEUR EN ROUPIES.	VALEUR EN FRANCS.
1873-1874.	115.980	35.550.000	74.635.000
1874-1875.	81.466	27.765.000	58.306.000
1875-1876.	110.362	28.750.000	60.375.000
1876-1877.	100.384	29.630.000	62.223.000
1877-1878.	120.605	34.950.000	73.395.000

(1) D'après le Catalogue des produits naturels de l'Inde (ouvrage des plus remarquables et qui outre les provenances, historique, famille, usages, mode d'emploi, etc., indique encore le nom de l'objet en dix langues différentes, ce qui pour le commerçant et le coloriste est d'un intérêt capital), le *Mallotus Philippensis* est de la famille des Euphorbiacées, et porte les noms suivants :

Français, *Capilapodie* ; Anglais, *Kamela* ; Allemand, *Færberrotlere* ; Tamoul, *Kamela-Mavu* ; Telingua, *Kapilapindi* et *Vassunta Gunda* ; Arabe, *Quinbil* ; Persan, *Kanbela* ; Pégain, *Sidais mom* ; Malabar, *Kapilapodie.*

Ce n'est pas le *rottlera tinctoria*, de Roxburg, mais bien le *rottlera indiwa*, de Wildenon.

Gonfreville, qui a pu faire des essais avec cette substance, dit aussi que c'est une des seules matières donnant directement de l'orange, très solide sur laine et sur soie.

Le quart environ arrive maintenant directement en France pour les besoins du continent, au lieu de passer par le marché de Londres.

ETATS-UNIS D'AMÉRIQUE.

La fabrication des toiles peintes a pris un tel essor en Amérique, qu'il est impossible de se dissimuler qu'à un moment donné, qui ne peut être éloigné, le marché français, qui a déjà subi l'influence anglaise, subira également l'influence américaine.

La première machine à imprimer a été installée en Amérique, à Fall River, en 1837, chez M. André Robeson. Depuis, cette industrie n'a fait que progresser et il existe aujourd'hui (en 1879) 32 usines avec 312 machines à imprimer qui, dans une année ordinaire produisent *environ* 844,000,000 de yards équivalant à 776 millions de mètres.

Voici un tableau indiquant le nombre d'usines avec le nombre de machines de chaque usine :

NOMS DES COMPAGNIES.	NOMBRE DE MACHINES.	NOMS DES COMPAGNIES.	NOMBRE DE MACHINES.
Albion	4	Hamilton	8
Allen	11	Hartell	5
American	21	Knickerbocker	6
Ancona	8	Mallory	4
Arnold	8	Manchester	14
Askland	4	Midlesex	6
Bristol	7	Merrimack	14
Cochero	13	Oriental	10
Cochrane	4	Pacifick	22
Conestoga	3	Passaic	7
Dunnell	12	Richmond	7
Freemann	7	Simpson	16
Garner et C°	42	Sprague	30
Greene	10	Southbridge	5
Greenvich	6	Union	4
Gloucester	12	Washington	7

On peut voir par ce tableau quelle doit être l'immense production de l'Amérique ; certaines usines telles que Garner et C°,
produisent jusqu'à 70,000 pièces (de 35 mètres environ) par
semaine : d'après des renseignements dignes de foi, la production
moyenne par semaine serait la suivante pour les diverses usines
ci-dessus dénommées :

USINE.	NOMBRE DE PIÈCES PAR SEMAINE.	YARDS PAR SEMAINE.	MÈTRES. PAR SEMAINE.
Albion.	6.000	240.000	220.800
Allen	22.000	888.000	806.960
American.	33.600	132.000	121.440
Ancona.	15.000	600.000	552.000
Arnold.	14.000	560.000	515.200
Ashland	5.000	200.000	184.000
Bristol.	12.000	480.000	441.600
Cocheco	20.000	800.000	736.000
Conestoga..	14.000	560.000	515.200
Dunnell	16.000	640.000	598.800
Freemann	13.000	520.000	478.400
Garner.	70.000	2.800.000	2.576.000
Cloucester	18.000	720.000	662.400
Hamilton.	15.000	600.000	552.000
Hartell.	7.000	280.000	257.600
Kinckerbooker	9.000	360.000	331.200
Mallory.	6.000	240.000	220.800
Manchester.	22.000	880.000	809.600
Merrimak..	24.000	960.000	883.200
Oriental	18.000	720.000	662.400
Pacific.	15.000	600.000	552.000
Passaic.	12.000	480.080	441.600
Richmond	10.000	408.000	375.360
Simpson	25.000	1.000.000	920.000
Sprague.	50.060	2.000.000	1.850.000
Southbridge..	8.000	320.000	298.400
Union	6.000	240.000	220.800
Washington..	72.000	480.000	441.600
	407.000	16.280.000	14 997.600

La production totale de l'année est d'environ 811 millions de
yards dont 181,000,000 yards imprimés dans la nouvelle Angleterre et 363,000,000 imprimés à Fall River. Cette quantité correspond approximativement à 7,760,000 pièces de 100 mètres ou
près de *douze fois* la production française.

Il y a quelques années les genres cultivés se limitaient au
genre percale et à l'article dit chemise; aujourd'hui les Etats-
Unis abordent toute espèce de genres et malgré le petit nombre
d'exposants dans la section américaine (7 ou 8), il est incontestable qu'ils ont considérablement progressé. Nous trouvons parmi
les genres exposés des bleus indigo rongés, des gros verts, des
fonds rouges en alizarine avec impression noire, des meubles de
une à six couleurs, des noirs d'aniline avec résiste, des noirs
campêche en tous genres, des noirs unis; des genres indigo,
depuis le bleu simple rongé, jusqu'au genre vert plombate avec
rouge, des fonds puce garancines avec bleu, vert, jaune, système
Harley (décrit dans vos Bulletins 1876, page 552), des fonds blanc
avec orange de nitro-alizarine, des cachous, etc.; des genres garancines à cinq et six couleurs avec effet de résiste très curieux, dont
dont nous avons recueilli quelques spécimens.

SUÉDE ET NORWÉGE.

La teinture et l'impression n'occupent qu'un nombre assez
restreint de bras, par suite du climat qui ne permet guère l'usage
du coton. Il existe cependant en Suède trois fabriques d'indiennes
ou plutôt de moleskines imprimées et quelques teintures qui
occupent environ 1,800 ouvriers.

L'exposition suédoise renfermait de fort beaux spécimens de
moleskines, des genres teints en bleu indigo, avec impression
d'aniline et un brun spécial obtenu par le mélange de noir d'aniline et d'un sel de manganèse. Le tissu, oxydé comme d'ordinaire,
est ensuite passé en soude caustique qui précipite le manganèse et
donne des tons tout particuliers et d'une solidité exceptionnelle.
L'Angleterre importe une certaine quantité d'imprimés, mais
comme ces tissus sont apprêtés à la colle, leur odeur décèle leur

origine et les imprimés indigènes obtiennent à prix égal la préférence, ce qui est une grande cause d'infériorité pour le commerce d'importation.

ITALIE.

Cette contrée, où la consommation de la toile peinte est assez considérable, produit une certaine quantité d'imprimés, mais qui est loin de suffire à la consommation intérieure. L'Angleterre et l'Allemagne importent d'assez grandes quantités de toiles peintes et ces deux pays ont su se substituer à la France, qui, depuis les traités de commerce n'exporte plus que des quantités insignifiantes.

D'après le catalogue officiel de l'Italie (page 175), il existe en 1878, en Italie, quatre fabriques d'indiennes situées à Pinérolo (Mylius), Milan (Cantoni), Voltri et Salerne (Schlaepfer et Wenner).

JAPON.

Si les Japonais que l'on a appelés les « Français de l'Extrême-Orient », ont peu exposé en fait de coton imprimé et teint, il n'en résulte pas moins que cette industrie est assez considérable et que les procédés qu'ils emploient sont curieux à plus d'un titre. Les cotonnades sont peu employées, la teinture se pratique généralement sur la soie, et nous avons remarqué des tissus imprimés et teints de toute beauté.

Comme couleurs, notre curiosité a été excitée par un violet et un gris (ces deux couleurs, végétales de nature inconnue), très vifs et très résistants à la lumière.

Parmi les procédés que nous employons et qui nous semblent très modernes, il en est qui paraissent employés depuis de longues années, et d'après M. Matsugata, le vaporisage des tissus que nous faisons remonter à un siècle à peine, aurait déjà treize siècles d'existence au Japon. Voici d'après la légende, comment se fit la première application de la vapeur d'eau :

En 572 de l'ère chrétienne, l'empereur Bitatsu-Tenno, qui régna de 572 à 587 (ère japonaise 1232-1245), transféra la résidence impériale à Osada.

Lorsque l'État de Koma envoya au Japon son tribut annuel, le roi le fit accompagner d'une lettre écrite sur des plumes de corbeau avec de l'encre noire. Comme personne ne pouvait lire cette lettre, le savant *Oshiwni* eut l'ingénieuse idée de soumettre ces plumes à l'action de la vapeur d'eau, et d'appliquer ensuite le tout sur de la soie blanche. Les caractères apparurent alors distinctement reproduits sur la soie, et on put prendre connaissance du contenu de la lettre.

La quantité d'étoffes de coton fabriquées annuellement, s'élève à (pour 1878), 1,636,000 tan, représentant une valeur de 3,190,000 yen d'or, ou environ 16 millions de francs (le yen d'or vaut 5 fr. 16). La production principale a lieu à Kirin ; les étoffes portent une foule de dénominations (Seikoori, Hakata-ori, Matoumoto, Kano-Kosi-bori, Uedaoro, etc.), qu'il serait fastidieux d'énumérer.

Il y a un genre spécial d'étoffes que l'on désigne sous le nom de *Moji*, qui se divise en toiles et en cotons et qui jouissent d'une grande réputation : elles viennent de Tsu, province d'Ise.

L'étoffe nommée *Shifu* est faite avec des chaînes de coton et de la trame de papier ; l'étoffe dite *Kudju* est fabriquée avec le *Pucraria Thumbergiana* pour la trame et le coton pour la chaîne. Dans les soieries figuraient de nombreux tissus de soie dont la trame était faite de papier recouvert d'or ou d'argent en feuilles.

Les couleurs employées par les Japonais sont à peu près les mêmes que celles usitées en Europe. Voici, *grosso modo*, comment ils obtiennent chaque couleur.

Noir, écorce *myrica nageya*, eau de fer, noix de galle, écorce de grenade, sulfate de fer.

Rouge safran, bois d'Inde, alun.

Chairo (brun verdâtre), safran, alun, eau de fer, bois rouge et écorce de *myrica nageya*.

Kobicha (jaune paille), moins le bois rouge.

Kuri Kawacha (chatain), bois rouge, alun et eau de fer.

Tobiiro (gris de fer), alun, bois rouge et eau ferrugineuse.

Budo nedjumi (gris ardoise), noix de galle et fer.

Hi (vermillon), carthaine, safran, vinaigre de riz et vinaigre de l'*evodia glauca*.

Kobair (*rose*), carthaine et vinaigre.

Moègi (*jaune verdâtre*), safran et dissolution d'indigo.

Momoiro (*rose pâle(*, comme le rose en variant.

Tokiiro (*rose foncé*), comme le rose en variant.

Hitobi (?), bois rouge, alun et eau de chaux.

Violet foncé, lessive et *Lithospermum erythrorizon*.

Bleu foncé, indigo.

Un procédé très original est celui au moyen duquel ils obtiennent les cuirs ondulés; ils enroulent le cuir à teindre sur un cylindre, puis on l'entoure de fils, on teint et on le soumet ensuite à l'action de la fumée. Le fil d'une part fait réserve et d'autre part la fumée fait gonfler le cuir tout en le rendant plus foncé.

Parmi les substances employées en teinture, nous remarquons le *gelidium corneum* ou Haï-thaô, qui sert pour les apprêts, dans la pâtisserie, comme comestible et aussi pour la préparation d'un certain papier.

Le Japon produit passablement d'indigo provenant du *Polygomun tinctorium*, mais la préparation ne se fait pas dans de bonnes conditions; aussi en exporte-t-on, peu. On ne le trouve qu'en boules contenant encore la matière végétale des feuilles séchées avec la matière colorante. Les principales matières colorantes végétales qui croissent et sont employées couramment au Japon, sont : la noix de galle, le curcuma, la garance (cordifolia), les fruits du *gardenia*, le chêne *quartens dentata* dont l'écorce sert aux mêmes usages que le *Mireica nageya*.

Terminons cette revue du Japon, par l'indication du procédé employé pour la préparation de l'indigo.

Les plantes sont coupées dès le matin et on les fait sécher, sur place, jusqu'à quatre heures de l'après-midi. On les transporte à domicile où on les bat pour en retirer les tiges. Les feuilles devenues noires, sont conservées dans des sacs de paille.

Pour transformer les feuilles en boules, il faut environ quatre-vingts jours. On verse d'abord de l'eau dessus à plusieurs reprises et on les laisse recouvertes de nattes pendant quatre à cinq jours. Au bout de ce temps, on les retourne et on les arrose de nouveau. Cette opération se répète vingt-cinq à vingt-six fois pour la qua-

lité dite supérieure. La feuille ainsi traitée est pilée pendant un
jour et demi jusqu'au degré de finesse voulu dans un mortier
contenant de l'eau, puis on en fait des boules que l'on a fait sécher
et que l'on livre au commerce.

CHINE.

Le coton est cultivé dans presque tout l'empire chinois; il
est employé à la fabrication de toiles grossières et surtout pour
confectionner des vêtements et des couvertures piquées qui
remplacent dans le Sud les fourrures du Nord. Les cotonnades
indigènes sont teintes en noir, quelquefois en rouge, mais généralement en bleu qui est la couleur ordinaire des vêtements du
peuple. Il est très difficile de savoir quelle est la production et la
consommation de coton, soit en tissus soit en imprimés ; mais,
comme chiffres pouvant donner d'une part une idée de la consommation en Chine et de l'autre, un aperçu de la prodigieuse production de l'Angleterre, citons les chiffres de yards importés
d'Angleterre en Chine pendant les trois dernières années recen-
sées :

1871	. . .	470.000.000 yards	= 4.320.000	pièces de 100^m
1872	. . .	402.000.000 —	= 3.698.000	—
1871	. . .	393.000.000 —	= 3.615.000	—

En supposant que le $\frac{1}{10}$, seulement se trouve être du tissu
imprimé, les Anglais importeraient dans ce seul pays, une quantité équivalente à la $\frac{1}{2}$ de la production totale de la France, en
imprimés.

Il n'y a pas de fabrique d'impressions proprement dites : quelques teinturiers en unis et quelques imprimeurs à la main ou au
gabarrit se trouvent à Canton, qui est le siège principal de cette
industrie. Les procédés employés sont ceux à la planche, mais
qu'ils exécutent à l'envers du mode européen : ainsi, au lieu d'appliquer la planche gravée en relief sur le tissu, c'est au contraire
le moule qui est fixé et c'est le tissu que l'on applique sur la

planche. On étend ensuite un morceau de papier huilé sur l'étoffe.
bien adhérente à la gravure, puis on verse de l'huile sur ce papier
que l'on brosse pendant quelques minutes de manière à faire bien
prendre la couleur sur le tissu.

L'autre procédé consiste à appliquer sur la toile un papier assez
fort dans lequel le dessin que l'on veut obtenir se trouve découpé
à jour. On frotte la couleur avec une brosse sur tout le papier ;
elle ne prend naturellement sur le tissu qu'aux parties où il est
laissé à découvert par le dessin du papier qui se trouve de cette
manière exactement reproduit.

Les couleurs qu'impriment les Chinois sont presque toujours
définitives ; ils ne les modifient pas, ce qui est compréhensible,
par suite de l'ignorance dans laquelle ils sont relativement aux
propriétés des mordants. Ils emploient cependant aussi les réser-
ves, mais les appliquent des deux côtés. Parmi les spécimens que
je puis vous soumettre et que je dois à l'obligeance de M. James
Hart, figurent des bleus indigos ainsi obtenus. Le blanc est parfaitement réservé ; mais on voit que le dessin qui paraît traverser ne
correspond nullement de l'endroit à l'envers. Comme unis, nous
appellerons votre attention sur les gris qui sont très solides et
inattaquables aux acides ; les verts, obtenus comme, du reste, la
plupart des unis en brossant la couleur sur l'étoffe ; on peut par
ce moyen obtenir des teintes diverses. Pour arriver à avoir, du
reste, une teinte claire et de l'autre une teinte foncée, ils imbi-
bent l'étoffe d'abord à l'envers, avec de la gélatine, puis quand
cette dernière est sèche, ils brossent l'endroit avec la couleur
réelle. Voici des roses, des rouges, des noirs très bien réussis, des
jaunes, etc. Les essais ci-joints montrent que toutes ces couleurs sont encore passablement résistantes à nos agents ordinaires,
savon bouillant, frottement, acide, bisulfite de soude, etc.

Parmi les nombreuses matières colorantes que produit la Chine,
nous remarquons la garance variété Rubia munjista, le *Pterocar-
pus flavus* qui donne une couleur jaune, les boutons des fleurs du
sophora japonica, le *Rhamnus utilis et chlorophorus* qui fournissent le lokao ou vert de Chine, les cupules de chêne, du *quercus
castanaefolia*, la noix de galle récoltée sur le *Rhus semi alata*, le

polygonum tinctorium qui fournit l'indigo dans le Nord seulement. Dans la vallée de l'*Yangtzée*, c'est l'*Isatis tinctoria* et au *Chek-kiang*, la majeure partie de l'indigo est fournie par un *Ruellia?* et un *justicia?* Au Sud, on trouve l'*indigofera tinctoria*.

A Formose et dans le Sud, on cultive le curcuma ainsi que le *gardenia radicans*, dont les fruits fournissent une belle teinture jaune.

Le *carthame* sert à teindre en rouge, à la fabrication du fard et l'on teint les soies pongées en violet par les graines de l'*hélian-thus annuus*. Voici quelques spécimens des indigos solides et liquides de Chine. Nous ferons remarquer que plusieurs d'entre eux sont mélangés de fortes proportions de bleu de Prusse. On emploie aussi couramment les feuilles et les jeunes branches d'une plante de la famille des *acanthacées*, non reconnue quant à l'espèce et qui croît dans la province de Kwantung et de Haïnan, pour produire une couleur verte : on ajoute à la décoction des feuilles un mélange d'alun et de sulfate de cuivre. Cette teinture se fait en trois bains qui varient de dix-sept à vingt jours suivant la température.

Dans la classe LX, nous trouvons un fort joli modèle d'une teinture chinoise avec ses étendages, sa cuisine, son comptoir, ses enrouloirs, son cylindrage, les prairies pour y sécher les toiles, etc., nous espérions pouvoir obtenir ce spécimen pour notre Musée industriel, mais, à notre grand regret, la Commission en avait déjà disposé pour le gouvernement français.

ESPAGNE.

L'exposition de l'Espagne a été l'une des plus remarquables. Ce pays, malgré ses luttes intestines, a considérablement progressé et ses produits rivalisaient avec les plus beaux spécimens de l'Exposition.

L'industrie cotonnière en 1860, comptait d'après notre collègue M. Heilmann, environ cinquante-deux raisons sociales fabriquant la toile peinte. Aujourd'hui, il y en a moins, mais leur importance est plus considérable car, aux progrès chimiques se sont alliés les progrès mécaniques.

D'après M. Desfontaine (*l'Espagne au* XIXe *siècle*, page 135), et d'après le compte-rendu de l'Exposition de Barcelone, de 1860 (page 94-95 et suivantes), il y avait en 1850 environ 900 tables à imprimer; depuis, ce nombre a diminué en raison de l'augmentation des machines qui, en 1860, comprenaient environ 40 perrotines et plus de 60 machines à imprimer. La production s'est élevée en 1880 approximativement à 32,000,000 de *varas* avec possibilité de s'élever à 50 millions, sans augmentation de machines. (Le varas a 0,80 cent., ce qui ferait à peu près 400,000 pièces de 100 mètres.

Aujourd'hui, le nombre d'usines et de machines à imprimer est plus élevé et la production très considérable, au point que Barcelone, qui, du reste, est le point central de l'impression, consomme à lui seul près de 300,000 kil. d'alizarine ; plus que Mulhouse et Rouen réunis.

Les produits exposés comprenaient la plupart des genres faits en Alsace et à Rouen et étaient très bien traités. Nous avons remarqué des genres meubles à douze couleurs des fonds rouge et rose avec gris, des pompadours, garancines, deuils, des moleskines, velours, des panuelos ou mouchoirs, à 1 fr. 50 la douzaine, des fonds puce et cachou, l'article fond blanc pour cretonne chemise, dans toutes ses variations, etc., etc.

Au point de vue mécanique, les diverses nations que nous venons d'examiner n'avaient rien exposé, la plupart se fournissant en France et surtout en Angleterre, le pays des machines.

AUTRICHE-HONGRIE.

L'empire d'Autriche compte un nombre assez considérable de teinturiers, de fabriques d'indiennes, mais il n'en est que fort peu qui aient exposé. Une seule fabrique d'impressions et trois ou quatre teintures avaient soumis leurs produits à l'appréciation des visiteurs. Cependant l'Autriche, la Bohême auraient pu figurer très dignement, car ces pays comportent des usines de premier ordre.

Parmi les produits exposés se trouvent des indiennes de tous genres, l'article noir d'aniline avec ses nombreux dérivés, soit en réserve ou en mordants, etc., mattage.

Dans la section hongroise, nous ferons remarquer les essais de teinture à l'indigo de Guède qui ont parfaitement réussi. Les deux usines qui exploitent ce genre de teinture occupent un nombre considérable d'ouvriers et leur chiffre d'affaires se monte annuellement à plusieurs millions de francs.

RUSSIE.

S'il est un pays qui malgré toutes ses vicissitudes politiques et sociales, a prospéré quand même, c'est certainement la Russie. Aussi, son exposition était-elle des plus intéressantes et des plus remarquées. Certains manufacturiers, pour conserver absolument la couleur locale, n'avaient reculé devant aucun sacrifice et avaient même fait confectionner leurs vitrines en Russie, leur exposition était donc absolument une production du pays.

D'après un recensement fait en 1874 (Voir *Revue des Sciences et des Lettres*, page 50), voici des chiffres qui témoignent d'une façon éclatante les immenses progrès réalisés depuis quelques années.

La Russie possédait en 1874, 2,391 fabriques de coton (filatures tissage et impression), occupant 180 mille ouvriers et les produits obtenus s'élèvent à 648 millions de francs.

D'après l'enquête officielle de 1871, la Russie sans la Pologne et la Finlande comptait 511 fabriques et teintures occupant 35,700 ouvriers et donnant lieu à un chiffre d'affaires de 125 millions de francs [1].

Le nombre d'usines se développe d'une façon remarquable, non pas qu'il s'en crée de nouvelles, mais les établissements existants s'agrandissent d'une façon remarquable. Le nombre ainsi que nous le faisions remarquer, n'en est pas moins considérable, eu égard aux autres nations et pour ne citer que le district

[1] Voir *Réforme économique* du 1er août 1878

de Twer, nous ferons remarquer qu'à lui seul, il compte près de quatre-vingt-dix fabriques de toiles peintes [1].

La majeure partie des genres exposés se rapporte au genre à base de rouge d'Andrinople, qui, on le sait, est d'une consommation considérable pour la chemise. Quelques maisons font cet article avec des couleurs enlevage. L'une d'elles entr'autres avait présenté de remarquables spécimens contenant du vert obtenu directement sur rouge, ce qui ne se fait généralement que par superposition du bleu et du jaune. Voici un spécimen de rouge Andrinople avec rentrure *or*, genre largement exploité en Russie.

Les genres meubles de une à dix couleurs, les articles fond blanc, percale cretonne, etc., les indiennes en tous genres, les cravates, les tissus variés teints en bleu indigo, puis rongés ou rentrés, etc., etc. Tous ces spécimens, généralement remarquables, attiraient l'attention des connaisseurs et attestaient hautement des progrès considérables faits par cette nation dans l'industrie de la toile peinte.

La teinture de coton, soit en écheveaux, soit en pièces, a une importance exceptionnelle; c'est surtout le rouge qui est la couleur préférée, aussi certaines maisons teignent-elles jusqu'à 350,000 pièces de coton, en rouge uni, d'autres produisent annuellement 12,000 quintaux en fil de coton teint en écheveaux, soit une moyenne de 4,000 kil. par jour.

SUISSE.

La république helvétique produit une certaine quantité de tissus imprimés; mais cette production est surtout destinée à l'exportation. Les fabriques qui sont en général de peu d'importance, si l'on considère les usines d'Angleterre ou de Russie, produisent surtout les anciens genres, tels que les rouges Andrinople avec couleurs rongées, les mouchoirs, les genres indigo, l'article cravate ordinaire en noir rouge, noir orange, noir et fond chamois, les tissus spéciaux pour la Turquie, le Japon, l'Afrique tels que les pagnes, les salempoores, etc.

[1] Communication de feu notre collègue M. Jean Wagner.

Nous remarquons, dans la section des appareils, un séchoir mobile permettant d'entrer et de sortir les pièces malgré la température, puis une fermeture toute spéciale pour les étentes, enfin, dans l'exposition métallurgique, des lames en bronze phosphoré dont le prix ne diffère pas sensiblement des lames d'acier ordinairement employées.

BELGIQUE.

L'industrie des toiles peintes qui, il y a quelques années, était des plus florissantes, a sensiblement diminué. L'Angleterre et la France, commencent à importer, c'est surtout l'article Moleskine (pantalon) qui est le plus propre à la consommation intérieure.

La teinture occupe un assez grand nombre d'ouvriers, et les guinées, dont nous avons traité au sujet de l'Inde française, se font en assez grande quantité. Depuis l'application des couleurs d'aniline et surtout des bleus de méthylène dont il est assez difficile de déceler la présence sur l'indigo, il se fait des quantités considérables de ces unis qui s'exportent dans les colonies françaises.

GRÈCE.

L'impression mécanique est encore inconnue en Grèce, mais il s'y fabrique d'assez grandes quantités de mouchoirs dits Syras et voici quelques spécimens. On peut voir que la fabrication à la planche est encore celle que l'on faisait en Alsace il y a un demi siècle; quelques fonds sont faits en garance ou garancine et la plupart des rentrures se composent de couleurs vapeurs ordinaires, les couleurs d'aniline sont pour ainsi dire inconnues, leur éclat et leur peu de résistance à la lumière sont des obstacles à leur propagation dans les genres courants.

Quelques teinturiers avaient exposé des jaunes et des bleus de cuve, — couleurs les plus employées en Grèce; — une vitrine contenait un bleu d'un ton particulier mais dont nous ne pouvons rendre compte, n'ayant pu en avoir d'échantillon.

DANEMARK.

Quelques fabriques produisent des toiles peintes, mais ce sont principalement les articles croisés et imprimés à la perrotine qui se fait dans les usines du Danemark.

La teinture en uni se fait assez bien, mais dans un nombre restreint de nuances qui sont le noir, gris, vert, bleu et violet.

PERSE.

La réputation de ce pays pour ce qui concerne la teinture surtout en tissus de soie et de laine, date de plusieurs siècles. Le coton y est moins cultivé, cependant l'exposition présentait de fort beaux spécimens, en coton seul, teint et en tissus mélangés.

La garance est encore un produit important et se récolte principalement à Balfroush ; comme matières colorantes, nous trouvons également l'indigo, la noix de Galle, les graines jaunes dites de Perse, le Héria qui sert à la teinture des cheveux, le safran, le *Jira* ou cumin.

SIAM.

La toile peinte fait complètement défaut malgré le nom de siamoise appliqué à une espèce de tissu de coton qui ne nous vient du reste pas de Siam, mais la consommation des cotonnades est assez importantes puisque pour 6 millions d'habitants, il a été importé en 1873, pour près d'un million de francs de cotons de couleur et pour 1,500,000 fr. de coton blanc, les soieries sont remarquables et à titre de document intéressant concernant la teinture des soies, nous rapporterons ici les procédés indiqués par M. de Grehan, comme étant ceux appliqués à Siam pour la teinture des soies [1]. On remarquera que, par intuition, les Siamois sont arrivés à produire les réactions que nous indique la chimie.

____

[1] Voir le catalogue du royaume de Siam, pages 6, 7, 8, 9, 10 et 11.

Teinture rouge à la laque.

« On prend une quantité de laque du poids de 60 ticaux (environ 500 gr.), un tical $= 8^{gr},33$ que l'on met dans un bassin, on verse de l'eau bouillante sur la laque jusqu'à ce qu'elle se trouve couverte. Puis avec une spatule de bois à cet usage, on presse et on remue la laque jusqu'à ce que la matière colorante rouge soit dissoute dans l'eau ; on continue ce procédé jusqu'à ce que l'eau soit rafraîchie et tiède et alors on la retire.

« Puis on verse encore de l'eau bouillante et on continue à la remuer et à la presser jusqu'à ce qu'il n'en sorte plus de couleur. On prend alors 720 ticaux de ce bain, on y met 8 ticaux de tamarin et l'on remue jusqu'à ce que la pulpe du tamarin soit enlevée.

« On enlève alors les tiges et les graines de tamarin, puis on mélange avec ce liquide 40 ticaux de jus de *limonier*, et l'on passe le tout. Ce liquide ainsi obtenu est alors divisé en trois parts. Dans l'une de ces parts, on trempe une pièce de soie jusqu'à ce qu'elle soit complètement imbibée, puis on fait bouillir la soie avec ce liquide, en remuant de temps en temps, pendant deux heures et alors on retire l'eau dans laquelle la soie a été bouillie. La pièce de soie est bouillie successivement dans chacune des trois parts du liquide, on obtient la couleur désirée après la troisième ébullition. Avant de commencer ce procédé, il faut assez d'eau dans le bassin pour couvrir l'étoffe et 2 ticaux d'alun que l'on fait dissoudre dedans.

« Alors le tissu de soie pesant 5 ticaux, bien lavé dans l'eau et tordu est trempé dans la solution d'eau pendant la nuit, après ce procédé, l'opération est terminée.

Teinture pourpre.

« Lorsqu'on veut obtenir une couleur pourpre, on fait tremper un tissu de soie teint en rouge dans une solution de laque de la manière indiquée ci-devant, dans la préparation déjà mentionnée pour colorer le bleu indigo.

« Si l'on veut obtenir une teinte claire, on ne trempe la soie
qu'une ou deux fois et si on la veut plus foncée il faut la tremper
jusqu'à ce qu'on obtienne la couleur voulue.

Couleur rose.

Pour la teinture rose, on se sert d'une substance faite avec la
corolle d'une certaine fleur appelée en Siamois *Dank Kam Foi*
(probablement du Carthame).

« On fait tremper 12 ticaux dans de l'eau pendant une heure,
on passe l'eau et on la jette, on répète cette opération trois fois.
Après l'avoir ainsi fait tremper trois fois on la met dans 2 ticaux
de *lessive* et un peu d'eau et l'on remue doucement, puis on
passe encore le liquide que l'on jette.

« Alors on met le *Dank kam* dans 10 ticaux et avec les mains on
remue la matière colorante et on l'exprime de cette substance.
On y ajoute ensuite 240 ticaux d'eaux et l'on passe le liquide. Le
fluide ainsi obtenu constitue la première solution. On mélange de
nouveau 6 ticaux de lessive avec le *Dank kam*, on remue comme
avant, on mélange avec 240 ticaux d'eau que l'on passe ensuite ;
cette fois le liquide obtenu constitue la seconde solution.

« On ajoute alors 4 ticaux de lessive; répéter le même procédé;
et le liquide que l'on passe constitue la troisième et dernière
solution que l'on fait avec le même *Dank kam*. Pour teindre, on
se sert premièrement de la troisième solution, on mélange 8 $\frac{1}{2}$
ticaux de jus de limon avec ce liquide et une pièce de tissu pesant
10 ticaux, ce qui s'appelle un *pannung*, ayant été rincée dans
l'eau puis tordue est alors mise dans le bassin à teindre; le liquide
préparé est alors versé sur le tissu jusqu'à ce qu'il soit couvert
et le tissu est vite lavé dans cette préparation et le fluide ayant
servi est jeté. Alors on verse encore du liquide sur le tissu et l'on
répète le même procédé jusqu'à épuisement du liquide. On se sert
alors de la deuxième solution en y mêlant 20 ticaux de jus de
limon et on l'emploie comme la troisième solution l'on procède
comme avec les autres.

« Après la dernière opération, la soie est d'une couleur rose.

Teinture verte.

« On se sert d'un bois appelé *Kalad*; on coupe en petits morceaux 80 ticaux que l'on fait bouillir dans un pot contenant 600 ticaux jusqu'à ce que le bain soit réduit à 400 ticaux ; on met alors dans un bassin cette eau dans laquelle on a fait dissoudre ⅜ de ticaux d'alun. Une pièce de 20 ticaux teinte en indigo est alors trempée; si elle est bleu foncé elle deviendra vert foncé et si elle est bleu clair elle deviendra vert clair.

Teinture jaune.

« On pulvérise 20 ticaux de *Fumerie* cru que l'on mélange avec 11 ticaux de suc de citron et 80 ticaux d'eau et l'on passe le liquide, on prend alors assez du fluide pour saturer le tissu et un morceau de tissu préalablement rincé et tordu est trempé dans la solution jusqu'à ce qu'il en soit saturé ; on tord alors le tissu que l'on retrempe dans une nouvelle portion du fluide et l'on recommence jusqu'à ce que ce dernier soit épuisé. l'on obtient une couleur jaune.

Bleu indigo.

« Lorsqu'on veut teindre en cette couleur. on met dans un tonneau une quantité d'indigo du poids de *2,000 ticaux*, le tonneau mesure 40 pouces de diamètres. a 40 pouces de profondeur et a la même forme que les tonneaux dont on se sert dans les manufactures d'indigo. mais il n'est pas percé sur les côtés. Le tonneau contenant l'indigo est alors presque complètement rempli d'eau avec laquelle on mélange 600 ticaux de *Kaw Moh* (riz) fermenté et 280 ticaux de lessive ; on remue alors le tout qu'on laisse pendant vingt jours avant de s'en servir pour la teinture.

« On trempe le tissu autant de fois qu'il faut pour obtenir la teinte voulue.

Kaw mak (riz).

« Dans les manufactures de riz fermenté, on prend 200 ticaux de
riz blanc glutineux que l'on fait tremper dans l'eau pendant douze
heures. Il est alors lavé et passé à la vapeur, lorsqu'il est cuit
on le sort et on le laisse refroidir et alors on le lave jusqu'à ce
que tout le gluten en soit extrait. On pulvérise alors un tical de
ferment dont ou se sert pour les liqueurs fermentées et on le
mélange avec le riz, on le met alors dans des jarres et on le
couvre pour que l'air en soit exclu, au bout de trois jours il est
bon pour l'usage.

Lessive.

« Pour faire de la lessive, on brûle du bois de l'arbre de *Samaa*
jusqu'à ce qu'il soit réduit en cendre, on mélange alors une mesure
de cendre avec deux mesures d'eau que l'on laisse pendant trois
jours.

« L'eau est alors goûtée et si elle est tout à fait salée, elle est
bonne à être employée. Pourtant plus on la laisse, meilleure elle
est.

« Il y a deux sortes d'indigo, et en teignant il faut faire l'essai
de la qualité. Dans ce but, on fait dissoudre dans l'eau une petite
quantité d'indigo et avec une tasse on retire un peu de la solution.

« Si l'indigo est de bonne qualité, la couleur s'étendra également
sur la surface intérieure ; s'il est de qualité inférieure, la couleur
s'étendra inégalement sur la surface. La qualité de l'indigo dépend
entièrement du fabricant. Il est impossible de fabriquer de l'indigo
avec aucune autre plante ni aucune combinaison de plantes.

Teinture noire.

« Pour teindre en noir on se sert du fruit de l'*ébénier*, le fruit
vert est pulvérisé et mélangé avec une certaine quantité d'eau.
Le tissu que l'on veut teindre est trempé à plusieurs reprises
dans ce liquide jusqu'à ce qu'il devienne noir. Pour les premières

immersions l'eau doit être en plus grande proportion que le fruit d'ébénier, après l'avoir trempé et séché alternativement pendant deux ou trois jours, on rince le tissu dans l'eau et l'on continue à le tremper jusqu'à ce qu'on obtienne la couleur voulue. *S'il fait du soleil, le tissu devient rapidement noir, sinon le procédé prend plus de temps.*

Le royaume de Siam avait exposé la plupart des produits dont nous venons de parler ainsi que des appareils et nous pensons devoir en reproduire la liste.

Laques, pièce de bois pour presser la laque, tamarin, jus de citron, passoire, *dank kam foi*, *kalaa*, alun, *fumerie*, fourneau pour la teinture en indigo, poudre à fermenter, *bois de Samaa*, fruit d'ébénier, échantillons de soie.

Nous regrettons, malgré nos recherches, de ne pouvoir donner des renseignements plus explicites sur les plantes qui sont désignées.

TUNISIE.

La *Tunisie* avait envoyé d'assez nombreux spécimens de coton teint en couleurs diverses ainsi qu'une série de fils de laine et de soie diversement colorés.

Cette exposition comprenait aussi un assez grand nombre de substances tinctoriales, dont il est regrettable de ne pas avoir les dénominations réelles en termes scientifiques ou commerciaux, ainsi nous avons vu des produits exposés sous les noms d'indigo, de l'écorce de grenade, puis de l'adjaknou, de l'idiuri du gammam, du meloukia, etc.

AMÉRIQUES CENTRALE ET MÉRIDIONALE.

Nous allons passer en revue dans ce chapitre les diverses républiques qui constituent l'Amérique centrale et l'Amérique méridionale.

La *Confédération argentine*, comme la plupart des contrées du sud, est un pays producteur de matières premières; l'industrie commence pourtant à s'y développer. Une des productions curieuses de ce pays est le *poncho* ou tissu en laine de vigogne, ainsi que les tissus de coton brodés, tels que serviettes, caleçons, couvertures, etc.; on cultive quelques plantes tinctoriales, telles que la garance, l'indigo, mais seulement pour les besoins de l'intérieur.

La *Bolivie* produit des cotons en assez grande quantité, des bois tinctoriaux d'une grande richesse et très variés. On y fabrique des tissus de toile de coton dits *tocuyos* et les *ponchos*, pour surtout de laine et couvertures.

Le *Guatémala* ne produit que peu de textiles, ils sont généralement importés. Quelques fibres végétales particulières permettent de faire des articles spéciaux, telles sont l'agave américaine avec laquelle on fait des hamacs ; de cette plante, on extrait la pulpe avec laquelle on fait la boisson favorite des indigènes ; citons encore l'*escobilla*, sorte de mauve avec laquelle on fait du papier, les fibres du *punço* (*Carludovica palmata*) qui servent à fabriquer les chapeaux dits Panama, les fibres du tilia argenté et de la pita (*fourcroya gigantesque*) qui coloriées servent à faire des cordes remplaçant le fil et la soie.

Le Guatémala exporte des quantités immenses de bois de teinture, campêche, Brésil, etc., ainsi que de l'indigo, de la cochenille, du rocou, etc.

En 1876, il a été exporté pour une valeur de près de 22,000 fr. d'indigo et pour environ 1,250,000 fr. de cochenille.

Le *Nicaragua* nous montre les fameuses écharpes en tous genres de textiles dites *rebozos*, de nombreux spécimens d'indigos de rocou, etc.

Le *Pérou* expose à peu près les mêmes produits, mais surtout un nombre considérable d'échantillons de bois de teinture.

En 1872, le Pérou a exporté pour 250,000 fr. de cochenille.

Parlons seulement pour mémoire comme produit intéressant les industries chimiques, du Guano, dont il a été exporté en 1869, 500,000 tonneaux.

La *République de San-Salvador*, qui ne compte que 800,000 habitants, et qui, remarquons-le en passant, présente cette particularité remarquable, de n'avoir point de dette extérieure, fait un assez grand commerce ; ainsi son exportation a été en 1874 de 3,850,000 piastres, soit de 19,250,000 fr. Les principaux articles d'exportation sont les tissus de coton et l'indigo, citons parmi les produits végétaux qui nous intéressent, le rocou, le safran, le curcuma, le sang dragon, les bois de teinture. C'est le San-Salvador qui fournit tous les *rebozos*, coton ou soie aux places de l'Amérique du centre. Nous pensons devoir nous étendre un peu sur la fabrication de l'indigo, d'autant plus que nous avons déjà indiqué plusieurs modes de préparation de cette matière colorante et qu'ils diffèrent tous d'une façon assez notable. Parmi les exposants, nous remarquons une collection composée de 50 spécimens d'indigo *San Miguel*, 132 variétés indigos *Vicenti*, 179 indigos Chalatenango, 125 indigos Suchitoto. Une étude sur les indigos par le D' Platt, nous paraît aussi devoir vous être signalée : l'indigo est la principale marchandise d'exportation et en 1876, sur un chiffre total de 3,175,000 dollars (15,875,000 fr.), il a été exporté pour 1,200,700 dollars d'indigo.

L'indigo de San-Salvador est classé en Europe sous le nom d'indigo de Guatémala, il provient de l'indigofera tinctoria et s'appelle dans le pays, *jiquilite*.

Préparation. On appelle *Manchones* les endroits ou croît le jiquilite, les travailleurs (*sacateros*) coupent la plante avec une petite faucille et forment des gerbes de 50 à 60 livres, quatre de ces dernières forment une *charge* de 8 à 10 arrobes.

On jette le *jiquilite* dans des bassins appelés *obraies*, opération désignée sous le nom d'*empilement*. Chaque pile de 25 charges exige deux bassins et la macération dure de douze à dix-sept heures suivant la température et la composition des eaux. Quand le liquide est arrivé *à point* ou même dans son état de formation, la matière colorante se passe à un autre bassin ou elle est battue au moyen de roues en bois et ensuite l'on précipite la teinture avec le suc que contient l'écorce du *Tihnilote* (*Yonidium*), du *Platanillo* (*Myrosma indica*) ou du *Cuaja-tinta;* ces plantes n'ont pas de réaction acide. Une fois la teinture précipitée, on la laisse déposer durant la nuit et le jour suivant, on la cuit, la filtre, la presse et enfin on la sèche au soleil.

Chaque ballot ou *Suron* contient 180 livres, les classes d'indigo se spécifient par numéros, du 4 au 6 = ordinaire, 7 au 9 = fin, flor et supérieur, les premiers numéros sont désignés sous les noms de *Cortes*, les derniers *Sobresalientes*.

Le Salvador produit en moyenne *1,200,000 kil.* : avec de meilleurs appareils, le rendement serait supérieur et plus abondant. Il s'exporte annuellement de San-Salvador 14 à 15,000 surons de 150 liv. st. chacun, qui représentent une valeur approximative de 1,720,000 piastres ou près de 9 millions de francs.

Prix. Les indigos supérieurs se vendent dans les foires du pays à raison de 8 réaux la livre ou environ 15 fr. le kil., les basses qualités de 3 à 5 réaux. Le produit des bonnes qualités mis à bord des vapeurs, coûte en moyenne 1 piastre $^1/_4$ la livre, les numéros 6, 7 et 8, 1 piastre, et le 5 et 4, 60 à 70 centavos.

Sur les marchés d'Europe, les prix varient suivant les stoks et le plus ou moins de production de la récolte de l'Inde, concurrent direct.

La République de *Vénézuéla*, comme les divers pays que nous venons d'examiner est très riche en bois de teinture, en cochenille, etc., en indigo, dont il a été exporté en 1875, 5,000 kil. et 825,000,000 kil. de bois de teinture. La valeur totale de l'exportation est de 5,250,000 *vénézolanos* (de 5 fr.).

Nous devons aussi une mention spéciale à ce pays qui, seul parmi les nations du nouveau continent, avait exposé une *histoire de la chimie*, par José Vargas, et un *traité de chimie*, par Marco Rosas.

PORTUGAL.

L'industrie du coton s'est énormément développée pendant les dernières années et les derniers documents exacts concernant la toile peinte datent de 1869.

Il existe en Portugal 12 fabriques d'indiennes, mais dont la plupart impriment encore à la planche ; 39 teintures et 10 fabriques de produits chimiques. Cependant, l'importation des tissus de coton est encore considérable.

En 1874, il a été importé pour environ 650,000 fr. de tissus.

En 1876, il a été importé pour 440,000 fr. de cotons teints et pour 18 millions de cotons en tissus. Le Portugal a consommé en cette même année 79,000 kil. d'indigo valant 720,000 fr. Le Portugal exporte ses toiles peintes au Brésil, en Espagne et dans ses colonies.

Les genres exposés consistaient principalement en indiennes fond blanc une, deux et trois couleurs, en meubles à une et deux couleurs, la plupart avec des effets de guillochés, des cravates en une et deux couleurs puce et rouge, noir et or, noir et rouge, beaucoup de couleurs albumine, ce qui s'explique par l'exportation au Brésil dont la couleur préférée est le vert. Des garancines qui paraissent teintes avec beaucoup de bois. Toute la série des genres indigo, soit indigo rongé blanc et en couleurs gros vert, etc. D'après les données officielles, les trois exposants qui représentent la grande production, fabriquent annuellement pour environ 4 millions de francs et occupent 300 ouvriers en moyenne. Les salaires sont :

Pour les hommes de. . . . 1 fr. 60 à 3 fr. 90 par jour.

   — enfants . . . » 44 à 1 55 —

HOLLANDE ET COLONIES NÉERLANDAISES.

Il n'existe en Hollande que cinq ou six fabriques de toiles peintes ; il y a un plus grand nombre de teintures. La fabrication des tissus de coton occupe un assez grand nombre d'ouvriers, et les produits obtenus sont en majeure partie destinés à l'exportation dans les colonies de ce pays. Les fabricants de toiles peintes n'avaient pas exposé, mais, quelques teinturiers avaient présenté des spécimens intéressants. L'importance de quelques-unes de ces usines est facilement démontrée par les chiffres suivants. En 1874, la Hollande a exporté pour environ 3,000,000 de florins de cotons teints et pour 3,400,000 de florins de tissus teints ou imprimés. La garance et ses dérivés représentent encore en 1874, un chiffre assez important, puisque les douanes accusent une somme en florins de (2 fr. 10) d'environ 6 millions et de 10 millions de francs d'indigo; ce dernier produit n'est évidemment qu'un article de commerce, car on sait qu'il est importé des Indes. Les couleurs principalement exploitées par les teinturiers de Hollande, sont le bleu d'indigo dont une seule fabrique teint annuellement environ 35,000 kil. et le rouge d'Andrinople (la même usine produit 125,000 kil.).

Nous remarquons, dans l'exposition des Colonies, de splendides spécimens de battiks de diverses provenances, de Samarang, avec vert, de Batavia, de Baujoemas, de Soeracarta qui sont des plus curieux. Ces derniers représentent des personnages de profil, assez analogues, aux dessins que font les enfants, puis les tissus battikés de Lassem, ceux de Muntok (les Kains), rehaussés de broderies d'or. Nous avons déjà eu l'honneur d'exposer à la Société les divers procédés employés aux Indes pour obtenir ces tissus. L'un de nos collègues, M. Driessen, chimiste de la maison de Heyder de Leide, a bien voulu m'adresser quelques détails nouveaux que je m'empresse de vous communiquer.

Notre collègue qui revenait des Indes hollandaises au moment ou a paru notre travail, nous fait remarquer que la teinture en rouge à *Java*, se fait de la façon suivante : on donne aux tissus différents passages en émulsion d'huile et d'alcali comme nous pratiquons généralement dans l'ancien procédé dit pour rouge turc. Cette opération, aux Indes, dure près de *neuf semaines*, les indigènes séchant tout au soleil et ne connaissant ni les séchoirs ni les chambres à oxyder. Voici un échantillon préparé de cette façon.

Après l'huilage, on imprime ou peint la réserve comme je l'ai indiqué, mais, alors. le battiker fait tout simplement une pâte composée de menkoedoe, de Djirak et d'eau et **la** frotte sur les parties qu'il veut avoir teintes en rouge. Cette opération se répète jusqu'à neuf fois.

Le mélange se fait de :

Trois parties de *Koedoe*.

Une partie de *Djirak*.

Le Koedoe est le *Onang-Koudou* indiqué par Schutzenberger [1], et paraît être le *Jong-Koutong*, de Gonfreville [2].

Le *Djirak* n'est autre que le *Symplocos fasciculata*, famille des Styracées. Cet arbuste est de la même famille que l'Aliboufier qui produit une résine balsamique, appelée Storax calamite, employée en médecine.

La teinture en bleu d'indigo, ne se pratique pas de la même façon dans ces divers pays.

A Samarang, la toile préalablement peinte est trempée dans une décoction (afkoksel en hollandais) d'indigo pendant trois à quatre jours, puis séchée et ensuite trempée dans de l'eau chaude pour enlever une partie de la cire.

Les bleu et blanc se font en plongeant la pièce le soir dans la cuve d'indigo et la retirant le lendemain matin pour la faire sécher à l'air. On répète cette opération pendant 20 (*vingt*) nuits après quoi on laisse tremper une nuit dans une décoction de *Kasoe tinghi*. Le Kasoé tinghi ou tinghée donne sur étoffe un superbe précipité par l'alun ; on l'appelle aussi Kasoe-Cadrang, il coûte environ 3 1/2 à 4 florins par pikol ; on l'appelle aussi Kasoe Mankoedoc et il paraît analogue au Benkoeroe de Macassar. Les indigènes en mangent les fruits et les jeunes pousses. On sèche ensuite la pièce et on la trempe de nouveau en indigo pendant une nuit, puis on enlève la cire par l'eau chaude. A Batavia, l'indigo préféré est celui dit *nila*, qui provient de Padang ; on le reçoit dans des tonneaux, mélangé avec de l'eau et de la chaux au prix de 11 florins

[1] Traité des matières colorantes, tome II. page 293.

[2] Art de la teinture des laines, par Gonfreville, page 489.

hollandais le picul. Les Chinois qui sont les teinturiers du pays montent leurs cuves ainsi :

20 Pikols eau.

7 Catjés tapy.

Le *Tapy* est une espèce de riz (glutinosa), que les indigènes appellent *Katan*. On prépare le tapy en mêlant le riz avec de l'eau, puis en y ajoutant un ferment et laissant digérer pendant quelques jours.

1 Catjés, carbonate de potasse.

16 Catjés hydrate de chaux.

5 Pikols dépôt des cuves précédentes.

1 Pikol nila (indigo préféré de Padang).

On remue de temps en temps ; il se produit une sorte de fermentation avec écume quand la dissolution est d'un vert jaunâtre, la cuve est prête pour teindre.

Les cuves sont hautes d'environ 1 $^1/_2$ mètre, le diamètre du haut est aussi de 1 $^1/_2$ mètre. On ne met jamais sur cadre et on n'enlève pas l'écume, ce qui est la cause principale de l'inégalité ou du non uni des bleus.

Nous avons déjà, dans un précédent travail, donné quelques dessins spéciaux de battiks, en voici un autre spécimen representant un instrument de musique dans le genre de la guimbarde. Ces dessins ont leur spécialité de vente comme aussi leur destination ; en outre, ils sont spécifiés par des noms assez bizarres ; tels dessins s'appellent « l'air frais du matin, les fleurs palpitantes, » etc. Les principaux dessins portent les dénominations suivantes :

Gangong Kratod, Prang Menang, Prang roseak, Perak senampan, Tjeploh-Kedo, etc.

Le dessin représente le *Ganggong Dœpara.* Le ganggong est un instrument qui se joue avec la bouche et qui est aussi appelé la *Harpe des Juifs* ; en hollandais on l'appelle *Mound-troom,* il correspond à ce que l'on appelle en Alsace le *Multrommel,* espèce de guimbarde.

Ces dessins, en général, ont un caractère plus ou moins religieux, c'est-à-dire qu'ils représentent des objets sacrés, soit plantes, insectes, coquillages, oiseaux, instruments, etc., lesquels ont chacun leurs formes parfaitement déterminées, si bien que la plus petite variation dans un battik fabriqué en Europe peut empêcher l'Indien d'y reconnaître son objet sacré et, par suite, l'empêcher de l'acheter. Il faut encore remarquer la grande influence des castes, chaque classe est autorisée à porter un certain genre de figures; ainsi, les oiseaux complets ne peuvent être portés que par les personnes ayant *du sang princier* dans les veines, tandis que toute la noblesse peut porter des ailes d'oiseaux. Il existe cependant des dessins d'oiseaux imaginaires qui sont intercalés dans les dessins destinés à l'usage général.

Remarquons encore une singularité assez curieuse de ces pays. La religion défend de porter des étoffes dont les lisières offrent des déchirures, ce qui fait que les marchandises tarées ne peuvent être vendues et servent alors à faire des doublures pour les caisses qui sont expédiées dans d'autres contrées.

Les produits tinctoriaux ne font pas défaut et nous remarquons une grande variété d'indigos de toutes qualités, depuis l'indigo friable de *Djocjocarto* jusqu'à la marque la plus fine dite A S P de Gemaupir.

Les curcumas, cachous, etc , sont fort bien représentés; enfin, nous citerons quelques matières colorantes dont la provenance et l'usage nous sont peu connus.

Le *Djernang* qui paraît être une sorte de Laque-Dye.

Le *Hapak*, matière résineuse avec laquelle on teint le bambou en vert et en noir solides.

Le *Getta hampa* (getta veut dire gomme), qui donne une matière colorante jaune analogue à la gomme gutte, sauf que le getta hampa est insoluble dans l'eau, mais soluble dans les alcalis.

OUVRAGES NOUVEAUX A CONSULTER

SANCEREY. *Blanchiment*, 1873.
SERGUEFF. *Blanchissage*, 1879.
E. LACROIX. *Études sur l'Exposition de 1878*, tome VI.
CRACE-CALVERT. *Teinture et impression des calicots*, 1875.
CROOKES. *Dyeing and Calico printing*, 1875.
DEVINANT. *La teinture*, 1874.
M. ROYET. *Teinture des soies*, 1878.
PERSOZ fils. *Traité du conditionnement*, 1877.
GIRARDIN. *Traité de chimie appliquée*, 1876.
DÉPIERRE. *Fixage des couleurs par la vapeur*, 1878.

PUBLICATIONS PÉRIODIQUES.

Textile Manufacture.
American Chemist.
Muster Zeitung de Reimann.
Dingler polytechnisches Journal.
Dictionnaire des arts industriels de Lami et Tharel.
Moniteur scientifique de Quesneville.
Bulletin de la Société industrielle de Rouen.
    —   —   *de Mulhouse.*
    —   —   *du Nord de la France.*
    —   —   *de Reims.*
    —   —   *d'Amiens, etc., etc.*

TABLE DES MATIÈRES

TABLE DES FIGURES.

Rouen. — Léon DESHAYS, imprimeur de plusieurs Sociétés savantes.